JN075111

「専門家」と つながる 生徒指導

堺市 「専門家チーム」 の取組から

木田哲生 編著

笠原麻央・片山貴美子・黒田尚美 著

学事出版

はじめに

　これまで教育行政の立場から学校現場と関わる中で、専門家との連携を先進的に進めている学校もみられますが、一方で、たとえば、いじめの重大事態が発生した学校などでは、事態が深刻化してもなお専門家との連携が不十分であったことが悔やまれるケースも少なくありません。専門家との連携が上手く取れなかった学校に話を聞くと、「どのように支援してもらえるのかイメージが湧かなかった」「余計にめんどうくさくなる（手間がかかる）と思った」「学校ができていないことを責められ、しんどくなると思った」などの理由が挙げられました。

　学校と専門家の連携の重要性は広く認識されてきたものの、なかなか思うように進まない理由は一つではなく、教育委員会が単に「専門家との連携が大切！」とお伝えするだけでは不十分ではないか、というのが本書を作成した動機です。本書では、堺市で取り組んでいる多職種の専門家により構成されたチーム（以下、専門家チーム）の実践を踏まえ、各専門職が互いの専門性を活かした学校と専門家との効果的な連携の在り方について考えてみたいと思います。

　ちょうど本原稿を書いているときに、以前に専門家チームで関わった学校の保護者から以下のような手紙をいただきました。保護者の許可を得ることができましたので、以下に紹介したいと思います。

　「（省略）娘が不安定になりだんだんと登校できなくなっていったことは本当に恐怖でした。正直なことをいうと学校の感覚は世間とズレていると感じました。そのような中、SSWや心理士の方に子どもや筆者の心の支援をしていただき、また、教育委員会や弁護士の方々が第三者の立場から解決に向けて動いていただいたおかげで

乗り越えることができました。現在は子どもも楽しく学校に通っております。本当にありがとうございました。

（省略）今から思えば、私だけでなく担任の先生もいっぱいいっぱいで、どうしてよいかわからなかったのだと思います。私たち保護者の立場だけでなく、学校の立場からも第三者に相談できることは絶対必要だと思います。どうかこれからも今回の私たちのように困っているご家庭や学校を助けていただければと思います」

　保護者の手紙の内容からすると、当初、登校できなくなった子どもを目の前に保護者はどうしてよいかわからず、さらに学校との関係も行き詰っており、第三者による介入の必要性が高いことが分かります。そして保護者が指摘しているように、学校にとっても、第三者の存在が必要なときがあります。うまく専門家と連携することで、そのような子どもや保護者、学校の危機を乗り越えることができますし、本書がその一助になることを願っています。

　本書の作成にあたっては、関西外国語大学の新井肇教授からアドバイスをいただきました。いつも誠にありがとうございます。
　また今回も学事出版の星裕人さんに大変お世話になりました。ギリギリまで修正しましたが丁寧に対応をいただき感謝します。
　そして、ゼロからの専門家チームの挑戦にお付き合いいただいた笠原先生、片山先生、黒田先生に心からの敬意と感謝を申し上げます。

堺市教育委員会　生徒指導課　主任指導主事
木田哲生

目次 ··

特別章　パフォーマンスを高める
　　　　専門家チームの在り方について

第1章

専門家チーム
とは?

1. なぜ、専門家「チーム」なのか?

　学校が連携する専門職や専門機関は多様です。代表的なところでは、スクールカウンセラー（以下、SC）やスクールソーシャルワーカー（以下、SSW）、スクールロイヤー（以下、SL）などがあげられますが、その他にも、教育支援センター（教室）や警察、消防、医療機関、大学、児童相談所、市（区）役所、裁判所、NPO法人、青少年サポートセンター、保健所、精神保健福祉センター等の機関に属する専門家や、地域で活動する保護司や民生委員、児童委員といった人たちも連携の相手として欠かすことのできない存在です。

　SCとSSWについては平成29年3月の学校教育法施行規則の改正により、それぞれ「児童の心理に関する支援に従事する」「児童の福祉に関する支援に従事する」学校職員として位置づけられました。このことは、他の専門職に比べて、SCとSSWは、より密接に、普段の学校教育全般にわたって連携を進めていくことが求められていると捉えることができます。

　SCやSSWの働き方については全国の各自治体で様々です。大きくは、学校等で定期的に勤務する「配置型」、学校の要請等に応じて訪問する「派遣型・訪問型」、一定のエリア内の学校を定期的に訪問する「巡回型」、また拠点校に勤務しながらエリア内の学校の要請に応じたり、巡回等を行うといった、配置型、派遣型、巡回型を合わせたような「拠点校型」などがあります。堺市では、SCは配置型、SSWは拠点校型を採用しています。

　さらにSLを配置している自治体については、本市を含む多くの自治体が、学校が相談できる窓口を設置し、学校からの要請に応じて、電話や面談等で直接もしくは間接的に相談できる体制をとっています。

　したがって、たとえば堺市の先生方の認識としては「私の学校には、SCは毎週月曜日に来てくれる、SSWは学校から要請したら来

てくれる、SL は管理職から教育委員会に依頼をすると相談できる」というようなものだと思われます。もちろん自治体によっては、SC や SSW 等の配置に関して十分な体制が整っていない場合もみられますが、最近では、多くの自治体で SC、SSW、SL 等の学校への支援体制が充実してきています。

では なぜ、SC、SSW、SL 等の学校への支援体制が充実してきている中で、専門家が「チーム」を組んで支援することになったのでしょうか。

その理由の 1 つは「アウトリーチの必要性」です。もう 1 つは「複雑化・多様化する事案への対処」です。

▶ ①アウトリーチの必要性

これまで教育委員会指導主事として勤務し、いじめの重大事態など、事態が深刻化した事案に関わってきましたが、その中で学校が専門家との連携がうまくできなかったことが悔やまれるケースを何度も経験してきました。このことからも、学校と専門家との連携を促進するためには、SSW や SC、SL 等の支援体制を整えるだけでは十分ではなく、少なくとも、専門家との連携がうまく取れていない学校に対して、積極的なアウトリーチが必要だと思われます。

そのようなケースで、なぜ、学校は専門家と連携がうまくとれなかったのでしょうか。

第一に、多くのいじめの重大事態調査報告書が指摘するように、学校の連携に対する意識が低かったことや連係の必要性が十分に認識されていないことがあげられます。

しかし、学校からヒアリングをすると、うまく連携できなかった理由はそれだけではないことがわかります。

たとえば、過去に専門家と連携した際、学校が期待する結果に至らなかったことや、連携に失敗して反対に苦しい思いをしたことなどがあげられます。そのような経験から「専門家と連携しても解決

しない」などと考えていたケースがみられます。また強烈な要求やクレームを学校に繰り返す保護者への対応に四苦八苦して、弁護士に対して保護者対応の相談は行ってきたが、もともとの発端であった当該生徒への支援についての視点（たとえば医療的視点からの支援など）が抜けてしまい、本当に必要な専門家との連携ができていなかったケースもあります。

　その他にも、これまで大きな生徒指導上の問題もなく「平和」だと認識されていた学校においては、いじめと疑われる事象が多発していたにもかかわらず、「我々の学校にいじめはない、大丈夫」と考え、具体的な対策等が検討されず、結果として専門家との連携もできていなかったケースもあります。これは、社会心理学で言う「確証バイアス（Confirmation Bias）[1]」が影響していると考えられます。

※1　先入観に基づいて事象を観察し、自分の立てた仮説に都合のよい情報ばかり集め、仮説の反証となる情報は排除することにより、自己の仮説を補強する心理的錯誤

　このように、学校が専門家とうまく連携できない原因は様々あり、単に「連携に対する意識が低い」という学校のみならず、学校の状況やこれまでの経験からどの学校においても、専門家との連携がうまく進まないケースが生じることが予想されます。したがって、学校からの「専門家と連携したい」という発信のみに頼っていては、効果的に専門家と連携する機会を逃してしまう危険性があるため、そのことを想定した体制の整備が必要だと考えざるを得ません。

ちょっと豆知識①「失敗する組織」

　世界的に有名な経営学者であるピーター. M. センゲは、著書『学習する組織』において、経営に失敗する組織について言及しています。

　センゲは、「経営に失敗する企業では、たいていの場合、その会社が苦境に陥っていることを示す証拠が事前に数多く見られる」と看破しています。それではなぜ、「苦境に陥っていることを示す証拠」が活かされずに失敗してしまうのでしょうか。

　その理由についてセンゲは、以下の3点をあげています。

①組織全体としては差し迫った脅威を認識できない
②脅威だと認識したがその脅威の意味合いを理解できない
③脅威の意味合いを理解したが別の方法を考え出すことが
　できない

　つまり、①は組織として危機だと認識できない、②危機だと認識しているが危機の程度や原因がわからない、③危機の状態や原因は認識できたが危機を回避する方法がわからない、と考えることができます。

　これまで筆者が関わってきた、いじめの重大事態のケースに当てはめると、①は、たとえば悪口や冷やかし・からかい等、些細と見えるいじめの場合や、被害生徒に対して「お互い様だ」「被害生徒が過敏すぎる」などと考えてしまう場合等において、「これはいじめではない」と判断して、組織としてのいじめの認知ができていない場合などがあげられます。

　②は、たとえば些細と見えるいじめに対して、法の定義に則り、組織としていじめの認知をしたが、その後の対応において具体的な対策が検討されずに時間が経過してしまっているケースや、いじめとは認知したけれども心のどこかで「よくある生徒同士のけんか」

と考え、丁寧なアセスメントを実施せずに、表面上の謝罪を行うことで済ませてしまう場合などが考えられます。些細と見えるいじめの背景に、教師の目の届かないところでいじめが継続していたり、深刻化していたりする可能性を考えることも必要です。

③は、たとえばいじめにより被害生徒の欠席が続き、学校は「何とかしなければ」と考えながらも、家庭訪問しても被害生徒と会えなかったり、保護者とも連絡がスムーズにとれなかったりすると、それ以上の具体的な対応が検討されずに、結果として「見守り」を継続していた、というような場合が考えられます。特に普段から学校と保護者との関係が良好でない場合に、「見守り」という名の「無為無策」を選択してしまうことも少なくありません。具体的な対応が検討されずに見守った結果、生徒の精神状態の悪化や、不登校の長期化を招き、いじめの重大事態となってしまうこともあります。

専門家チームは、学校への支援にあたっては、事案のアセスメントのみならず、学校組織をアセスメントし、センゲが指摘する「失敗する組織」に見られる3つのエラーに対して修正を図ることになります。

▶ ②複雑化・多様化する事案への対処

専門家チームが必要なもう1つの理由は「複雑化・多様化する事案への対処」です。生徒指導上の諸課題の複雑化・多様化に対して、多角的な視点からの支援や対策が欠かせないということです。

たとえば、集団でのいじめが発生した場合、学校は教育的な視点から関係修復や謝罪などを検討します。しかし、深刻化した事案となると、被害生徒が継続的に欠席をしたり、自傷行為があったり、加害生徒への指導がうまくいかなかったり、保護者の理解が得られずに保護者同士でのトラブルに発展したり、学校と保護者が対立関係になってしまったり……と、様々な困難な課題が重なり合って生起します。このような複雑化した事案を検討するにあたっては、生

徒の心理面（SC）だけ、福祉面（SSW）だけ、と切り分けてそれぞれ単独での連携のみにとどまるのではなく、教育、医療、心理、法律、福祉といった専門家が一同に会し、協働して総合的に検討することが効果的だと考えることができます。

　ケース会議の実際については、第2章の事例ケースでふれますが、専門家チームの支援の形は、千差万別で、学校が抱える困難な状況に応じて、最も適切かつ有効だと考えられる支援を展開することになります。同じ内容のいじめであっても、学校や児童生徒が変われば支援の形も変わります。その際に専門家チームで検討される内容は、それぞれの専門性に基づいて、法律、心理、福祉、医療、教育の視点から多角的に行われるとともに、それらを総合して幅広い支援を進めることになります。

　「ちょっと豆知識①」でお伝えした、いじめの重大事態の発生校で見られる3つのエラーに照らして、支援を考えてみると、1つめの、些細と見えるいじめに対して「これはいじめではない」と考えている学校に対しては、弁護士がいじめ防止対策推進法やいじめの認定について解説したり、教職員が「被害生徒が過敏すぎる」と考えている場合は、心理士が被害生徒の心理面についてアセスメントを丁寧に行い、教職員が児童生徒理解を深めるための支援を行ったりします。

　2つめの、いじめの認知は行ったが、その後の具体的な支援方法等について検討されていない学校に対しては、より正確に現状を捉える必要があるため、たとえばSSWがエコマップやジェノグラムを用いて情報の可視化や、整理を行うことが効果的です。それらの情報をもとに、法律、心理、福祉、医療、教育の視点から丁寧にアセスメントを行うことで、いじめの背景や、被害児童生徒の被害の状況等を正確に理解し、学校のいじめ基本方針に沿った具体的な支援へとつなげることが可能になります。

　3つめの、「何とかしなければ」とは考えているが目の前の困難な状況に立ち止まってしまっている学校に対しては、困難な状況を

アセスメントするとともに、たとえば心理士が被害生徒の心理的ケアの具体的方法や関わり方等について検討したり、時には教職員に替わって面談を実施したりします。また弁護士が、法律の面から学校が実施すべき点について整理したり、状況によっては、学校に代わって第三者の立場で関係者から聞き取り調査を実施したりします。またSSWは、子どもの家庭状況の把握や、必要に応じて諸機関との連携を進めます。指導主事は、学級や学校全体での指導や、関係生徒間の関係修復、保護者と学校との関係改善等に向けての提案を行います。

　このように専門家チームは、それぞれの専門性を活かし、状況に応じて様々な角度から多様な支援を展開します。

2. 360°支援

　筆者は、専門家チームの実践を経験する中で、学校で生起する複雑化・多様化している困難な事象に対しては、多角的かつ同時に支援を展開することが効果的だと考えるようになり、このことを「360°支援」と呼んでいます。

　専門家チームでこれまで訪問した学校の多くは、事態が深刻化する中で、その日のやるべきことに追われ、1日1日を何とか乗り越えているような状況でした。その中で、疲労感、無力感、また先が見えない中で絶望感を抱くことも多く、共に活動している心理士の言葉で言えば「これまでの対応で学校も傷付いている」という状況がよく見られます。

　そしてこのような状況の教職員が多くのエネルギーを注いでいるのが、たとえば「迷惑行為を行う生徒の見張り」や「様々なクレームや罵声を繰り返す保護者対応」など、目の前に顕在化している問題への対処です。もちろん、このような目の前に顕在化している問題への対処は大切なのですが、それだけではいつまで経っても目の前の問題が解消されずに、長期間対応を続けることとなります。日々対応している先生方の中には、「このままではいけない」と頭ではわかっていますが、多忙と疲労の中で、問題の根本に迫るための多様な支援を検討する余裕やエネルギーがない場合もあります。

　次頁の図は、以上のような問題意識を踏まえて作成した、問題を解決するための支援についてのイメージ図です。たとえば「生徒が迷惑行為を繰り返す」や「保護者が様々なクレームや罵声を繰り返す」という現象は、学校にとっては顕在化された問題で、痛みを伴う危機的な状況となるため、当然ながら放っておくことはできません。この状態を、仮に「針が刺さった」状態とします。

　学校は、「生徒が迷惑行為を繰り返す」や「保護者が様々なクレー

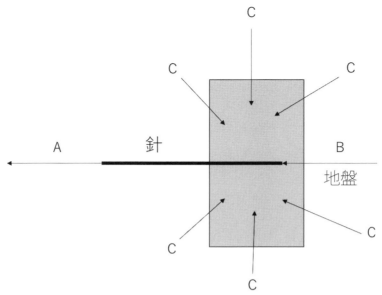

図　問題を解決するための支援のイメージ

ムや罵声を繰り返す」という針が刺さると、大なり小なり痛みを伴いますので、何とか引き抜こうと頑張ります。しかし、この針は、引き抜く力（引力）だけではなかなか抜くことができません（図のA）。そのため、針を抜くためには、引力に加え、後方から「押す力」（図のB）や、針が刺さっている地盤を「柔らかくする力」（図のC）が必要となります。

　先述したように、学校は、様々な状況からAに力を注ぎがちになるのですが、Aに加えてBやCのはたらきを同時に行うことで針を抜くことができます。

　たとえば、「生徒が迷惑行為を繰り返す」という事象に対して、強面の男性教員が強く叱責したり、多くの教員で見守ったり、厳格なルールで行動規制したりして、迷惑行為を止めようとするのはAの動きです。この場合「なぜ迷惑行為を行うのか」という視点で行動の背景へのアセスメントが必須ですが、それを行わずに強い叱責やルールでの行動規制で対応すると、たとえ表面上、迷惑行為が見えなくなったとしても、子どもが抱えるストレスや不安、葛藤、攻

撃性等がいじめや自傷行為などと違う形で現れることが考えられます。先ほどの図で言いますと、目に見える針（顕在化していた迷惑行為）はなくなったのですが、それは途中で折れて、実は針が中に残ったままの状態と言えます。中に残った針は、炎症を起こし、異なる行動で顕在化する可能性があります。そうならないためにも、迷惑行為の背景や子どもを取り巻く環境等にアプローチするBやCのはたらきによって、針を根っこから取り除くことが大切です。

また「保護者が様々なクレームや罵声を繰り返す」という事象（針）で考えてみますと、保護者の怒りを静めるために毎日のようにかかってくる保護者からの長時間電話を聞き続けたり、保護者からの様々な要求に対応し続けることで教員が疲弊しているケースも少なくありません。

このような対応も、目に見える（聞こえる）対応に終始しているという点で、Aの動きとなります。もちろん保護者と信頼関係を構築する上でもAの動きは大切なのですが、ほとんどの場合、このような保護者に対して、長時間電話することや、保護者からの要求に対応し続けるというAの動きのみで改善することは残念ながらほとんどありません。「保護者のクレームや怒りの発火点はどこにあるのか」という視点でアセメントを丁寧に行い、教育、医療、福祉、法律、心理の側面からBやCのはたらきを同時に行うことで、事態の改善を図ることが大切です。

専門家チームはまさに、Aに加えて、BやCについて、それぞれの専門性から具体的かつ実践的に検討し、360°支援を学校と共に展開し、学校が針を抜くことを支援しているのです。

3. これまでの専門家チームの成果

　これまで行ってきた専門家チームの成果についてお伝えしますと、令和 2 年12月～令和 6 年 1 月の期間で、児童生徒がいじめの疑いによって欠席していた学校が14校、今後深刻化が予想された学校が18校、これら計32校の学校に対して専門家チームの派遣を 1 校につき平均2.9回、計92回実施したところ、不登校となっていた児童生徒20名全員が登校（別室登校及び転校後の登校を含む）、または教育支援教室に通うことができるようになりました。

　下の表は派遣した学校の管理職及びケース会議に参加した教職員32名による派遣後アンケート結果です。

表　ケース会議に参加した教職員32名による派遣後アンケート結果

n＝32

	強く思う	思う	どちらともいえない	あまり思わない	思わない
(1)専門家チームが介入したことで事態が改善した、または改善の方向に向かったと思いますか。	27	5	0	0	0
(2)専門家チームが介入する前と比べて、子どもの状態が良くなったと思いますか。	18	7	7	0	0
(3)専門家チームが介入する前と比べて、保護者との関係が改善されたと思いますか。	21	9	2	0	0
(4)専門家チームが介入する前と比べて、校内の生徒指導体制が改善したと思いますか。	19	12	1	0	0
(5)専門家チームが介入する前と比べて、いじめをはじめとする生徒指導案件について教職員で話し合う機会が増えましたか。	18	13	1	0	0
(6)専門家チームが介入する前と比べて、自分が自信を持って行動することができるようになったと思いますか。	14	12	6	0	0
(7)専門家チームが介入してよかったと思いますか。	27	5	0	0	0
(8)今回のような専門家チーム派遣は必要だと思いますか。	27	5	0	0	0

（単位：人）

　アンケート結果からもわかるように、派遣した学校の管理職や教職員は、質問(2)(6)を除いて全ての項目において概ね肯定的な回答をしています。「どちらともいえない」の回答が増えた質問(2)(6)について、質問(2)「専門家チームが介入する前と比べて、子どもの状態

が良くなったと思いますか。」に対する回答で「どちらともいえない」が高くなった学校は、もともと子どもが欠席しておらず、保護者対応に困り感のある学校であったことが理由としてあげられます。

　また質問(6)「専門家チームが介入する前と比べて、自分が自信を持って行動することができるようになったと思いますか。」に対する回答で「どちらともいえない」が高くなった学校は、保護者の要望で専門家チームがいじめの重大事態調査を行った２校の学校です。そのためこの２校は、専門家チームの教職員への関わりが聞き取り中心であったこと、さらに被害者側や加害者側との面談や、調査終了後の保護者への説明、保護者と学校との今後に向けての話し合いなど、最初から最後まで専門家チームが主導で展開しました。

　どちらの学校も、学校と保護者との関係が大きく損なわれている状態だったため、学校と相談の上で専門家チームが主導することになったのですが、学校側にすると、自分たちで解決したという認識をもちにくく、このことが、教職員の自信の醸成につながらなかったと推察します。

　しかしアンケート結果からは、全体として派遣の大きな理由である困難な事態の改善に加え、教職員一人ひとりが自信をもって行動できることや負担軽減につながること、また、学校の生徒指導体制の充実及び組織の機能化等の点において成果が見られました。

　また同じアンケートの自由記述においても、「毎回、学校の報告を踏まえ今後の的確なアドバイスをいただけたので、自信をもって行動することができました」「学校がしんどい状況で、しんどさに負けずに前向きに取り組めたのは信頼できるアドバイザーが支えてくれたおかげです」「専門家チームに助言をいただくことで、保護者や児童に対する声かけや自分を守る術を学べたことが大きかったです」など、肯定的な意見が多く見られました。

　事態が困難になり途中で休職を余儀なくされた（その後、復職した）管理職からは、「専門家の方々から様々な視点での対応の仕方を教えていただき大変ありがたかったです。（中略）一緒に考えて

くださる方たちがいるということが大きな支えになりました」とい
う感想をいただきました。

　専門家チームの取組は、令和2年12月からスタートして現在に至
るまで、「効果的な支援の方法や介入のタイミングは」「問題解決後
の再発防止の体制づくりは」などの問いを繰り返し、暗中模索で実
践を重ねてきましたが、成果は我々の予想以上のものでした。この
ような成果をあげるに至った要因の分析については、第3章でお伝
えしたいと思います。

4. 専門家の紹介

　次に、一緒に専門家チームで活動している専門家の方々を紹介します。堺市の専門家チームの構成メンバーは、弁護士、公認心理師／臨床心理士兼特別支援教育士（以下、心理士）、SSWスーパーバイザー（以下、SSWsv）、市教育委員会指導主事（以下、指導主事）の4名です。さらに事案に応じて市内の各区に配置されているSSW（以下、区担当SSW）を加え、活動しています。ときどき、他市町村の教育委員会の方から「どうやって専門家チームをつくったのですか？」と質問されることがありますが、堺市の場合は、SSWsvと心理士は、もともと堺市で活躍していた方で、弁護士はそのSSWsvと知り合いで、その縁で紹介していただきました。皆さま、専門家チームの目的や意義にご賛同いただき、ゼロからの手探りの挑戦に付き合ってくださる、心温かく優しい、そして志の高い方々です。

　ちょっと書くのが疲れましたので、専門家の皆さまに各自、自己紹介にさせてください（笑）。ついでに自己紹介に加えて、各自の専門性の説明と、仕事の上で大切にしていることなどをお話しいただけますでしょうか。

▶ 弁護士（笠原麻央先生）

　木田先生、お疲れ様です（笑）。私は、2008年12月に弁護士登録をしたのですが、文部科学省が全国的なSSW配置事業の展開を開始した年度と一緒になります。当時はSSW配置事業のことなどは知る由もないわけですが、弁護士登録から3年め頃には、大阪弁護士会子どもの権利委員会学校部会部会長を務めたことがきっかけとなりまして、大阪弁護士会で弁護士とSSWの皆さんと（現在では、大阪府教育委員会のSSWsvなど、要職を務めておられる方々ばかりです。）と一緒に、自主勉強会（「アセスメント勉強会」）をして

いたことが懐かしく思い出されます。

　大阪府では、2013年度からスクール・ロイヤー制度が開始され、この頃から、私自身も、大阪府下の小中学校を中心に学校、教育委員会の相談を受けるようになり、以降は、複数の市（町）教育委員会からも相談を受けるようになって、現在に至っています。

　弁護士と聞いて、皆さんはどのようなイメージを抱かれるでしょうか？「何を相談したらよいのだろう？」「法律の問題でないと相談できない（法律の問題はないな）」「ハードルが高い」「しょーもないことを質問したら怒られそう」という感想を、教員（管理職を含む）の方々からは、よくお聞きします。確かに、卒業記念や学校創立記念などで過去の卒業アルバムから写真を利用してもよいのか、学校行事の様子をDVDに収録したが背景に音楽も流したいができるのかなど、純粋な法律問題を尋ねられる場面も多々ありますが、でも、実は、学校に関わる弁護士は、純粋な法律問題だけを扱っているわけではありません。

　最近では、「激昂した保護者から土下座で謝罪をしろ、と言われましたが、土下座して謝罪をしないといけないのでしょうか？」という相談がありました。弁護士の回答としては、「土下座をする必要はありません（違法な強要に当たるから）」が正解でしょうが、それだけでは、目の前の問題は解決しません。弁護士としても、「な

「チーム学校」に関わる弁護士の役割・機能

(1)　**法的視点**
　　単に法律知識等に基づく対応という意味だけではなく、より広い意味で「紛争解決や調整」「学校の危機管理」の視点をもつ。

(2)　**スクール・ソーシャルワークの視点**
　　家庭・親子環境や学校環境、友人関係などの環境要因や背景、個の資質・能力の理解
　　　　←SSW、SCの見立ての活用。

(3)　**子どもの最善の利益の視点**
　　「子どもが安定して学校に通い、学ぶことができる環境」を保障して回復する。

ぜ、土下座まで求めるのか？」「その背景にある本当のニーズは、何か？」が気になり、これを探求します。それは、弁護士が、「適法か違法か」だけの二極化された答えだけを導きだすものではなく、「紛争の解決・調整機能」を目指すからです。そこでは、SSWやSCと同じく、背景事情や関係性、個の資質・能力を読み解く（アセスメント）技術を活用しますが、より強く「紛争の解決・調整」の視点を入れた助言が可能となります。

　この助言は、早期に紛争の危機を発見し、紛争が複雑化・重篤化することを回避することにも役立ちます（「危機管理」の視点）。早期に紛争の危機を発見し、紛争が複雑化・重篤化することを回避することにつなげることができるのならば、本来の児童・生徒、保護者との関わりに注力ができることにもなります。司法的な視点は、事後のみならず、事前にも活かされます。いわゆる「予防的司法」ですが、転ばぬ先の杖ということです。

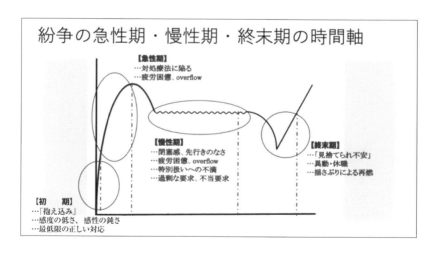

　以上、「チーム学校」の一員としての弁護士がもち得る専門性として、「紛争解決と調整」の視点と「学校の危機管理」の視点という2つを紹介させていただきました。

　ここで、もう1つの大事な専門性をお伝えしておきたいと思います。それは、「事実（実態）を正確に捉える」という視点です。兎角、

教育や福祉では、「曖昧さ」の中で物事が捉えられがちです。それは、教育や福祉で扱う多種・多様な存在（「個」）と向き合おうとするとき、様々な解釈を許容できる「余白」を創造しなければならないはずですから、至極当然の傾向であるように思います。ところが、現代社会では、いじめの問題を中心として、「何が起こったのか？」という、背景事情や事実の経過の説明を、世間一般（被害・加害、報道機関など）は強く求めます。これに対し、学校は、「（被害児童生徒が）学校に再登校できるよう、前向きに考えていきましょう」といった発言に終始してしまうという失敗を何度も繰り返してきました。まずは、「事実（実態）を正確に捉える」、そして、それを正確に説明して伝えることから始めなければなりません。これは、常態的・先行的（プロアクティブ）であるべきです。

　先日、ある市では、「学校は詳細に記録をとどめるようにしている。学校は良くやってくれている。」という話を聞きましたが、正直、物足りなさを感じます。たとえば、口論やけんかであったとき、誰が何を言ったのか（行ったのか）、その回数・内容や身体の部位や立位・座位、右か左か、拳なのか掌なのかなどの態様のほか、そ

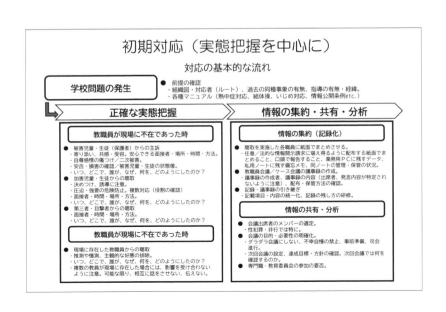

のきっかけが何であるのか（何があったのか）、事象が収束したきっかけが何であるのか（何があったのか）、そのときの主観的な理由や感情など、起こった事象の前（後）の場面を、客観面のみならず主観面を含んで幅広くまで捉えられてはいなかったからです。

　以前、私の息子が通っている保育園でこんなことがありました。ある日、私が息子を迎えに保育室に向かうと、保育士が絵本の読み聞かせをしていました。息子を含めて皆が集中して絵本に見入り、保育士の読み聞かせに耳を傾けていました。ちょうど、息子の真後ろに座っている男児が私に気がつき、息子の背中を触って私の存在を知らせようとしましたが、その触り方が、遠慮がちで撫でるようなものであったために、（絵本に集中している）息子にとっては感触の悪いものとなってしまったようです。直後に、保育士の読み聞かせが終わりましたが、息子が、悪ふざけでイタズラをされたと勘違いをし、男児の左腕の二の腕あたりを右手で撫でるように触り返し、男児が半身になりました。息子は直ぐに立ち上がり、保育バッグを取りにロッカーの方へ向かいますが、怒った様子の男児が走って息子を追いかけ、息子を背面から勢いよく両手で押し返しました。一瞬、息子の頸が後ろに反り返り、前方にのめり込んで転びそうになりました。この時点で、保育士が事象に気がつき、両名の間に入り込み、男児を強く叱責していました。皆さんは、どのように感じられるでしょうか。男児にとっては、強く叱責されることに違和感と不満を抱くのではないか、そこには、事実の捉え方として、何かしらの『物足りなさ』を感じざるを得ません。

　私は、「チーム学校」の一員として活動するにあたっては、「現場と一緒に汗をかく」ことを大切にしたいと思っています。残念ながら、児童生徒やその保護者と直接に相対することはほぼありませんから、「一緒に汗をかく」とはやや寓意的な表現になります。言いっ放しにはせず、責任をもって関わり続けようと思っています。

▶ 公認心理師／臨床心理士（片山貴美子先生）

　　こんにちは。心理士の片山です。人のこころの奥深さと可逆性
に惹かれ、臨床畑を耕し続けて30年が過ぎました。これまで、教育、
医療、産業の領域で様々な方々に出会い、教えられたり、鍛えられ
たりしてきました。本市の専門家チームスタッフの笠原先生、黒田
先生、木田先生は、どなたも仕事に対して情熱的で真摯であり、わ
くわくするほど刺激的な方々が揃われていて、チームの一員に加え
ていただけて本当に光栄に思います。

　実際に学校を訪問し、チームで顔を合わせてディスカッションす
るのは、1回につき僅か90分から120分程度ですが、1つの事案に
対して、司法、福祉、教育のプロたちが各々の視点で鋭い意見や質
問を投げかけているのを耳で聴きながら、他分野の視点を取り入
れ、他分野に助けられながら、心理である自分の考えがまとまって
いくプロセスをいつも実感しています。

　そこで、他分野の先生方との協働を私がどのように経験しなが
ら、自分の視点を模索し、構築したり、修正したりしているのかを
これから振り返り、自己紹介とさせていただきたく思います。

　司法領域で働く心理士は大勢いますが、私はこのチームが初めて
の司法との協働でした。専門家チームとしての活動初回の学校訪問
時に、弁護士の先生がいらっしゃるというだけで緊張していたとこ
ろ、笠原先生から「心理としてはどう？」と突然指名され、え〜っ！
という戸惑いが思いきり顔に現れてしまいました。それでも、ぼつ
ぼつ話す私の考えに頷き、心理的な見立てに寄り添う柔軟な姿勢を
示してくださることに安堵し、自らの自由な発言を保証されたよう
に感じたことをよく覚えています。

　一方で、笠原先生が「事実」にこだわる頑固さはピカイチで、そ
の徹底ぶりにはいつも感服させられます。心理は記述された事実関
係を踏まえた上で、その背景にあるこころの力動や目に見えない人
と人、人と環境との関係性を辿っていくところがありますので、そ

んなに事実の立証にこだわっていては前に進めないのでないかと心配になったりしていました。しかし、たとえばいじめ事案の暴力行為がクローズアップされた場合、どちらが先に手や足を出したのか？　それは左右、上下いずれの方向からか？　加害―被害が何センチ、何メートル離れていたところからのものであるのか？　周囲はそれをどのくらいの距離で認知していたのか？　誰がどこから声をかけたのか？　黙認していたのか？　傷跡から証言の矛盾は見られないか等、的確な質問をしながら、応答を決して誘導しないで進めていくことによって積み重ねられる事実は、当時の状況を鮮明に浮かび上がらせていき、見事です。事実の先にこそ真理があるということを教えられ、それによって、曖昧な記憶や記述に頼って事実を歪めてしまわないよう、自分の思い込みで事実の背景にあるものを読みとり過ぎないよう、私はあらためて注意するようになりました。

　福祉の黒田先生は、本市のスクールソーシャルワーカー統括スーパーヴァイザーであり、本市の多様な地域性、あらゆる社会資源の特色と連携のポイントを熟知されています。私が公立私立の幼小中高スクールカウンセラーとして他市で活動させていただいていたのは、国が1995年にスタートさせたスクールカウンセラー活用調査研究の２年めからの十数年間です。その後、若手スクールカウンセラーのスーパーヴィジョンの中でスクールソーシャルワーカーの参入や活躍を耳にすることはありましたが、残念ながら私自身はスクールソーシャルワーカーとの協働を体験できず仕舞いでした。2015年から、本市のユニバーサルデザインスクール事業発達障害児等専門家（現特別支援教育環境整備事業発達障害児等専門家）に就任した後も、連携することは叶わなかったので、今の学校現場では、福祉と心理がどのようにタッグを組み、効果を生み出しているのかということにとても関心がありました。

　先に述べた専門家チームの活動初回で印象的だったのは、黒田先生が会議中に大変手際よくホワイトボードにケースの概要と様々に飛び交う意見を書き込み、ご自身も積極的に発言してコミットして

いかれる様子でした。とてもパワフルで、熱心にスピーディーに当該の困っている子どもたちの改善、回復の役に立とうとされる姿に感激しました。公認心理師受験勉強中に出てきた重要ターム「チーム学校」（2015年、中央教育審議会による「チーム学校の在り方と今後の改善方策について（答申）」にて提出された）を彷彿とさせるものがあり、黒田先生から学ぶことは多いといつも感じます。

　たとえば、ある中学校での事案を検討している中で、中学校以前の集団への適応や生育環境が気になりますが、生まれ育った地域や、保護者が利用された相談機関等から、その生徒を取り巻く社会環境をさっとアセスメントして、隣にいる私の耳元で伝えてくださることはとても参考になり、より広い視点をもつことができました。また、部活動の中で生じた人間関係のトラブルでは、部全体の規範意識や上級生と下級生、部員と顧問とのパワーバランスについてコメントされました。私が最初に浮かぶのは、当該生徒の心理であり、次に、当該生徒と他の生徒や顧問との関係性である等、常に個である当該生徒を中心にしていることに気づかされます。まさに、個の視点と個が所属する環境の双方をそれぞれにアセスメントすることの重要性にはっとさせられる瞬間であり、チーム内では、そこは黒田先生の十八番だろうとつい頼ってしまっているところです。

　教育の木田先生とは出会ってまだ丸３年程ですが、私が教育の現場を耕し始めてからの期間を今、計算すると、25年程経っていることに驚きます。普段の常勤職が医療領域であり、教育領域は、これまで多くても週に１、２回、スクールカウンセラーを退いてから、専門家チームのメンバーになるまでの直近は、年に10回程で各々３時間程度の訪問でしたので、自分の立ち位置は、当然医療にあると思っていました。が、振り返ると、スクールカウンセラーとして学校に身を寄せたときから、ものすごいエネルギーを投入してきたというか、むしろ吸い取られるのが学校現場であると感じていたことは確かです。週に１回のスクールカウンセラー活動なのに、１週間分の凝縮性を私が感じているのは、学校が有機体であると思うから

です。「有機体」という言葉を辞書で調べると、＜①生活機能をもつように組織された物質系。すなわち生物を他の物質系と区別していう語。②多くの部分が一つに組織され、その各部分が一定の目的の下に統一され、部分と全体とが必然的に関係を有するもの。自然的なものとの類推で、社会的なものに用いる。＞とあります。まさに、学校は「生きている」と感じるのです。成長発達の方向に向かって伸びていこうとする健康な力と何らかの障害や軋轢のために蛇行したり、膠着したり、退行したりするエネルギーの流れが複雑に絡み合う力動を読み取り、その事案に対して、今、学校ができることを先生方と一緒に考えるのが私の仕事ですが、次に来校した際には、想像もよらぬ変化が事案に生じていることがよくあります。その変化を生み出しているのは、事案に働きかける学校の動きであり、それに応える事案との相互作用であるため、学校は進化していく生きもののようだと何度も身にしみました。

　医療領域で、医師や他のスタッフと連携しながら、1対1の面接を毎週、月単位、年単位で積み重ねて少しずつ変化していく心理療法過程では起きにくいことが、目の前で繰り広げられていく学校のダイナミックさに今も私は大きな可能性を感じ続けています。それは、1人の児童生徒を取り巻く集団（多くの部分が1つに組織され、部分と全体が社会的な関係を有している）の大きさや層の厚さ、集団からの積極的な働きかけによる反応のしやすさ、継続的な見守りによる安全感がなせる技であろうと思います。

　また、「心理療法は非日常の場である」とよく言われ、頻度や時間や場所を決めて守秘のもとでお会いすることによって、日常生活では意識しえないこころの深い内側のことも対話できるようになることを目指しますが、学校は生活の場であり、生活の場だからこそ直接的に関われるメリットがたくさんあることを、多くの子どもたちや保護者、そして、教育のプロたちから学びました。

　その教育のプロを指導する教育委員会の立場にいらっしゃる木田先生は、常に前を向いてポジティブに問題解決に取り組まれるエネ

ルギッシュな先生です。しかし、裏側では、保護者のどこにももっていきようのない怒りや悲しみがこもった話を何時間でも粘り強く聴き続けたり、現場の大変さをわかりつつも危機管理の観点から厳しく学校を指導せざるをえない葛藤をもたれていて、とても人間的だなと感じることがしばしばあります。きついプレッシャーにさらされても木田先生が健康でいられるのは、子どもたちの成長を心底願い、行動し続ける信念があるからだと思われ、非力な私でもお役に立つことがあるなら貢献しようと思うほどたくさんの刺激を受けています。今後も学校と専門家チームが協働して、子どもたちの成長発達のために生きたエネルギーを交流し、還元できるよう努めていきたいと思っています。

▶ SSWsv（黒田尚美先生）

　スクールソーシャルワーカーの黒田です。2008年に文部科学省が「スクールソーシャルワーカー活用事業」を事業化した同年、堺市でもスクールソーシャルワーカー活用事業がスタートしました。事業化されて16年、堺市のスクールソーシャルワーカーとして、学校支援に従事しています。

　皆さんは、ソーシャルワーカーという職業をご存じでしょうか？名前ぐらいは聞いたことがあるという人がほとんどかもしれません。この言葉から福祉職のイメージをもつ方も、実のところどのような仕事までかは、わかりづらいというのが本当ではないかと推察します。福祉職というと、障がいや介護のイメージが強いと思いますが、福祉の分野は多岐にわたります。

　ソーシャルワークとは、福祉の相談援助職の総称で、ソーシャルワーカーはそれを実践する人という意味です。ソーシャルワーカーにとって大切なことは、社会を分析する視点です。児童虐待の問題でも貧困の問題でも、問題の原因は本人にあり、その人の抱えている課題を克服すれば解決すると考えられることがあります。しかし、その人がなぜ問題を抱えるに至ったのか、その背景にある社会

問題を分析し、アセスメントすることがソーシャルワーカーの仕事には欠かせません。ソーシャルワーカーのアプローチの特徴は、その課題がその人固有の課題ではなく、周辺環境との交互作用の結果、相互に影響していると考えることにあります。個人はもちろん、個人を取り巻く環境やそのインターフェイスにも焦点を合わせ、それぞれの関係性を重視するのです。

　そのためのリソースとして、ソーシャルワーカーは、環境調整等の援助を展開する上で、社会資源や制度を利用します。それは、必要な人やモノ、お金までも視野に含めたものです。

　ここからは、スクールソーシャルワーカーについて述べます。スクールカウンセラーとの役割の違いを問われることが多いため、ここで文部科学省のスクールソーシャルワーカーガイドライン（素案）を一部抜粋し、解説します。スクールカウンセラーはカウンセリング等を通じて、子どもの悩みや抱えている問題の解決を支援するもので、直接面接に力を発揮する心理に関する高度な専門職であり、スクールソーシャルワーカーは制度や法律を活用して、子どもと子どもを取り巻く環境にはたらきかけて、学校や家庭、地域の橋渡しなどにより、子どもの問題に関する現実的課題の解決に向けて支援する専門職です。上記の通り、スクールソーシャルワーカーはスクールカウンセラーも有効な社会資源として捉えて支援を行うのです。平成29年に改正された学校教育法の施行規則の一部改正により、スクールカウンセラーとスクールソーシャルワーカーは、学校の教職員に位置づけられました。学校チームの有用性は、それぞれのチームメンバーが、どの程度協力できるかにかかっているため、それぞれの立場で効果的な共同作業が求められます。

　義務教育の現場では、子どもの様々な困難場面に遭遇します。学校環境の中で、子どもが直面する問題は、集団行動や学習等、どれをとっても人との関わりで起こることばかりです。ここでは教職員や保護者、地域住民、そして子ども同士の関係も含みます。

　就学期の子どもは自身が選択せずとも所属があり、学校システム

の中に知らぬ間に取り込まれ、そこで様々な交互作用を経験します。その結果、不均衡やミスマッチが生じ、学校環境に適応できない子どもを生んでしまいます。そのような子どもを、教職員が子ども自身の力、特性など個の責任とみなし、援助が十分でないことが少なからずあります。子どもが自身の問題を理解し、何に困っているのかを言葉にして大人に伝えることや、周辺環境を変えることは容易ではありません。困難な状況に陥っている子どもは、大人にわかるようにその事情を話す言葉や方法、人間関係をもち合わせてはいないのです。そのため、いじめ、虐待等の諸問題や不登校が生じた場合は、子どもの背景にある本質のニーズを、大人が理解することが何より重要になります。これがアセスメントです。アセスメントという言葉は、令和4年12月に改訂された『生徒指導提要』で多く取り入れられ、以前より学校現場に定着したように思われます。しかしながら、アセスメントを行うことは簡単ではありません。

　学校現場には、多くの情報が溢れています。情報を収集し、取捨選択したのち、アセスメントを組み立てる力をつけるためには、スクールソーシャルワーカーにとってもトレーニングが欠かせません。アセスメントは技術です。スクールソーシャルワーカーを含む対人援助職にとって、全てはアセスメントから始まるといっても過言ではないのです。学校で効果的な支援や指導を行うためには、「アセスメントありき」の前提条件が不可欠です。前述の通り、学校において、アセスメントを手助けすることは、スクールソーシャルワーカーの最大の役割とも言えるでしょう。

　最後に、スクールソーシャルワーカーは子どもの最善の利益を大切に活動します。言い換えれば、私が常に大切にしていることは、その子どもにとって何が良いことかを納得がいくまで追求することです。なぜ、その問題を子どもが抱えることになったのか？　どうすれば子どもを理解できるか？　どうすれば、問題解決ができるか？といった問いを絶えずもち続けることが、私の臨床をより能動的にしています。

第2章

専門家
チームの
支援の流れ

1. 派遣までの流れ

　堺市で行っている専門家チームについて、実際に学校へ派遣されるまでの大まかな流れを確認したいと思います。派遣までの流れは図の通り、大きく5つのステップがあります。

step	主体	活動内容
1	学校	事案発生、教育委員会に報告する。
2	教育委員会	事案内容や時系列の確認、緊急度・深刻度を判断し、専門家チームの派遣を検討・決定する。
3	教育委員会	教育委員会指導主事から専門家へ要請の連絡が入る。日程調整及び、事案の概要やこれまでの対応経緯等の情報共有を行う。
4	専門家チーム	学校訪問前にアセスメントを行う。
5	学校	学校職員と専門家チームによるケース会議の実施。

図　専門家チーム派遣までの流れ

　1つめのステップは、学校で事案が発生し、その内容について管理職から教育委員会に報告する段階です。多くの困難化・複雑化した事案は解決までに時間を要するため、教育委員会への報告も第一報から途中経過など複数回にわたります。その間、学校は時系列や指導内容、指導結果などについて整理するとともに、メモや報告書等を作成します。

　2つめのステップとして、教育委員会が、学校からの報告を受ける中で、事案の緊急度や深刻度等を判断し、専門家チームの派遣を検討します。事案によっては、指導主事や危機管理アドバイザー、

いじめ巡回相談員、SSW、SC などによる単独での訪問や、SL の活用、その他諸機関との連携などを行います。そのような様々な選択肢の中で、特に専門家チームの派遣が必要だと考えられる事案に対して派遣を決定します。ただし現在のところ、専門家チーム派遣は、月2〜3回と回数が限られているため、全てに対応できるわけではありません。人材や経費の確保が今後の課題でもあります。

　3つめのステップは、専門家チームの派遣が決定されると、指導主事が専門家チームのメンバーに要請の連絡を入れるとともに、1つめのステップで学校から報告されている事案の概要やその他の情報等を共有します。そして何より難しいのが訪問日程の調整です。専門家チームのメンバーは、それぞれのフィールドで超多忙ですし、自分で言うのも恐縮ですが、指導主事もとにかく忙しいです。したがって、たった4人のメンバーであっても日程調整は難しい、というかほとんど無理でした。そこで、現在では、年度末に次年度の1年間のスケジュールを決めています。年間通して2週間に1度のペースで日程を確保しています。

　4つめのステップは、学校訪問前に、専門家チーム内で事案のアセスメントを行います。事前アセスメントは、対面、オンライン、メール、電話等の方法で、状況に応じて実施し、最近はメール会議が多くなっています。メールと言っても、アセスメントの内容は毎回充実しており、いつも「なるほど」と学ぶことが多く、パソコンの前で考え込むこともしばしばです。

　事前アセスメントを行うことで、学校への支援の方向性や具体案を検討し、その上で学校訪問までに準備したり、必要な情報をリサーチして学校に提供したりすることができます。何よりも、事前アセスメントをすることで、事案の基礎情報や対応の経緯を共通理解できますので、専門家チームが学校を訪問した際、一から学校が説明する手間や時間が省け、学校が必要とする具体的な支援計画等に時間を確保することができます。

　最後の5つめのステップでは、実際に専門家チームが学校へと訪

問し、管理職や事案に対応している先生方とケース会議を行います。先の図で示している通り、ここでの主体は「学校」です。第1章からここまで、専門家チームの重要性や必要性について、しつこくお話ししてきましたが、学校の問題を解決する主体はやはり「学校」です。子どもと日々関わり、事案の発生前も発生中も発生後も、学校における子どもの成長を支援できるのは学校の先生しかいません。専門家チームは、学校が「一時期」の危機を乗り越えるために、学校と共に危機を一緒に乗り越える伴走者であり応援団なのです。

　ケース会議の実際は後述しますが、まずは、学校側の困り感や課題を丁寧に聞き取ります。その上で、学校が現在の状況を客観的に捉えることができるよう情報を整理するとともに、対応方針を確認し、目標を達成するためのプロセスを具体的に決定していきます。中心は、「アセスメント」と「プランニング」です。多角的な視点から、被害児童のケア、加害児童の指導と成長支援、被害児童と加害児童の関係修復、全体指導、保護者との信頼関係の構築、PTAとの連携、職員研修などについて検討します。

　ケース会議に要する時間は60分〜90分程度です。繰り返しになりますが、4つめのステップで事前アセスメントを実施しているため、これほどの短時間ですみますが、もしケース会議の中で学校が事案について一から説明するとなると、たくさんの時間がかかり、多忙な先生方の負担も大きくなってしまいます。質の良いケース会議の第一は「長時間でないこと」だと考えています。

2. ケース会議の実際

　それでは、実際に学校を訪問して行われる、専門家チームによるケース会議の実際を紹介したいと思います。

　実際のケース会議の中では、専門家チームのメンバー同士で、質問し合ったり、出た意見に対して違う角度から意見をしたり、自分の専門性に置き換えて説明したり、と複雑なコミュニケーションが展開されるのですが、ここでは、読みやすくするために、それぞれの事例に対して各専門家が基本とする考え方や認識、支援の方向性等について、各専門家からお話しいただこうと思います。読者の皆さまにおいては、1回60分〜90分程度の派遣で、様々な視点からアセスメント、プランニングをしている雰囲気（360°支援）を感じていただければ幸いです。

　なお、5つの事案、

　　①いじめ
　　②不登校
　　③性被害
　　④保護者との関係悪化
　　⑤いじめの重大事態

を取り上げますが、これらはプライバシーの関係上、実際にこれまで対応してきた複数のケースを組み合わせたり、内容を改変したりした架空の事案となっていることをご了承ください。

ケース①いじめ事案

　小学校中学年の通常学級に在籍するＡは、担任の話がなかなか理解できなかったり、集団の場面において、授業とは関係のない自分が気になったことを質問したり、工作をする時間ではなくてもＡは自分が得意の工作をしたりするなど、自分の行動を優先させてしまうといったことがある児童でした。

　Ａは、２学期に入った頃から担任に対して「Ｂから肩を叩かれた」「登校中にＢにランドセルを叩かれた」「Ｂに水をかけられた」などの相談をするようになりました。担任はその都度、Ｂから話を聞き、事実が認められればＢに対して指導し、ＢがＡに謝罪したり、時にはＡからちょっかいをかけていることがわかった場合はＡにも指導したり、また別の場面では事実がよくわからなかったため、指導せずにＡからの訴えを聞くだけで終わったこともありました。

　そのような中、２学期の半ばに入るとＡが担任に頭痛や腹痛を訴えました。頭痛や腹痛が治まらないため、Ａの保護者がＡを病院に連れて行き、ストレスが原因と診断され薬を処方されました。Ａ保護者は担任にその旨を伝え、「学校で頭痛や腹痛がひどいときは、保健室で休ませてほしい」と担任にお願いしました。

　そのような中、ある日、Ａの学級でレクリエーションをしていた際、Ａが「しんどい」と担任に訴えましたが、担任は、Ａが最近、頭痛や腹痛のことを言ってきてなかったこともあり、Ａ保護者との約束を忘れており、「もう少しで終わるから我慢して」と対応しました。この日、Ａは給食を食べることができず、Ａ保護者は担任に対して「気をつけてほしい」と泣きながら訴えました。

　その１週間後にＡ保護者が担任に電話で「朝の始業前に教室でＢから、叩かれたり、物を隠されたりしている。見ていてほしい。きちんとＢの保護者に伝えているのか」と話しました。この際、担任は朝の見守りについて「勤務時間ではないため対応は難しい」と伝え、またＢが本当に叩いたりしているのかわからなかったため、Ｂの保護者には連絡をしませんでした。

　その３日後、さらにＡ保護者が担任に電話して、「本人や保護者が相談しているのに、放置している。学校が対応してくれないなら、警察に相談に行く。そのことをＢの保護者に伝えてほしい」と話しました。警察に行くと聞いた担任は驚いて、Ｂ保護者に連絡し、「Ａ保護者が次にＢから叩かれたら警察に相談に行くと言っている」と伝えました。Ｂ保護者は「なんでいきなり警察なのですか？」「子ども同士のことなのに、親が出てくるべきではないのではないか」と担任に伝えました。

　Ａ保護者が市役所を来訪し、「いじめで不登校になっている。学校に対して不信がある」と訴えました。この件について、Ａ保護者が市役所に相談へ行ったことをきっかけに初めて学校は校内対策委員会を開催しました。その後、学校の立ち会いの下、ＡとＢの保護者同士の話し合いが行われます。この話し合いで、ＡとＢの保護者は今後、子ども同士で互いに関わらないようにすることを約束しました。

　その後、Ｂ保護者から学校に電話連絡があり「ＡからＢに関わってくる場面があると子どもから聞いた、約束と違う、問題だ」と訴え、担任からＡ保護者にその旨を伝えました。

　しばらくして、Ａ保護者は担任に対して「本人は、担任が話を聞いてくれない、もう学校には行かない、と言っている」と伝えました。その後、校長先生を含めた話し合いも行われますが、Ａ保護者からは「しばらく学校を休ませる、大きな問題にする、マスコミや教育委員会などに訴える」と伝えられました。

　このとき初めて、この件について、校長先生から教育委員会に第一報が入りました。

▶【専門家の見立て】

 指導主事（木田先生）

重大事態のほとんどはプロセスがある

　２学期に入った頃から、Aから「Bに肩を叩かれた」などの訴えがあり、その後、A保護者やB保護者が登場し、後半にはA保護者から「しばらく学校を休ませる、大きな問題にする、マスコミや教育委員会などに訴える」と訴えがあり、時間の経過とともに深刻化している様子が伺えます。

　これまで発生しているいじめの重大事態のほとんどは、このような深刻化に至るプロセスを経ており、すなわち一定の期間（時間）があり、急にいじめの重大事態が発生することはほとんどありません。したがって、どこかのタイミングで効果的な取組や支援を行うこと、すなわち早期対応が重要となります。

　本事案では、A及びAの保護者が繰り返し相談し、不安や要求を担任に伝えている間は、校内対策委員会が開かれずに基本的に担任が１人で対応していました。校内対策委員会が初めて開かれたのは、A保護者が市役所に相談行った後となり、その時点でも学校はいじめと捉えることができませんでした。この対応は、いじめ防止対策推進法が求める対応からすると不十分と言わざるを得ません。

「発達特性がいじめを引き起こしている」は誤り

　また近年、学校からのいじめの報告の中で、今回のケースのように、被害や加害の子どもの中に、発達特性や発達障害が疑われる記述や、それらを推察させる「こだわり」「空気が読めない」などの言動が見られることが増えてきました。注意しなくてはならないのが、発達特性や発達障害がいじめを引き起こしているという認識は差別にもつながる恐れがあり、誤りだということです。正確には発

達特性や発達障害を起因とする行動、例えば、このケースのように周囲の空気が読めずに行動してしまうなどの行動がいじめにつながってしまったということです。もちろん言うまでもありませんが、そのような行動があったからといって、いじめが正当化されるわけではありません。周囲の空気を読むことが苦手な子どもであっても、周囲から受け入れられて、いじめられない学級はたくさんあります。

　今後の方針として、Aが受診した医師との連携及び発達特性に基づいたAへの支援、そして不安や要求を繰り返すA保護者のアセスメントと信頼関係づくりが考えられます。そして何より、これまで担任が1人で抱え込んでいる状況を改善しなければなりません。

👤 公認心理師／臨床心理士（片山先生）

親子が発信するSOS

　2学期に入った頃から、Aの担任の先生への相談が始まり、その後、Aの保護者が担任の先生にお願いをされていますが、それまでに、Aや保護者が担任の先生に何かを訴えることはなかったのでしょうか？　あるいは、担任の先生がこれまでを振り返って、Aについて気になっていることや今回の相談につながるのではないかと気づかれる点はどんなことでしょうか？　このタイミングでの相談やお願いをA親子のSOSだと受け止めると、なぜ、今、担任の先生に向けて発信されているのか？　ということについて、まず考える必要があるように思います。

　担任の先生は、この時点で、Aの相談を真面目に受け取り、真摯に対応されているように思われますが、そのことを保護者とどのように共有されたでしょうか？　保護者がAを病院に連れていく前に、Aの頭痛や腹痛の背景にある身体要因や心理的要因について、保護者や養護教諭、他の先生方、スクールカウンセラー等とどのように

話し合われたでしょうか？ 身体症状の背景にあるものが「ストレスが原因」と医師に診断されたなら、Aのストレスとなっている要因が、学校や家庭にあるだろうかと想像し、それらを取り除いたり、Aがそれらを乗り越えやすくしたりするための工夫を練り、保護者と連携して取り組んだでしょうか？

　保護者は、Aの体調不良がケアされないと感じると、「相談を放置している。学校が対応してくれない」と言って、警察や市役所、マスコミ、教育委員会へと、SOSを受け止めてくれる先をどんどん拡大させながら求めていきます。しかし、最初は、保護者の期待が学校にあっただけに、校内での初期対応の重要性を痛感させられます。初期対応のポイントとしては、Aの相談を受け止め、解決に向けて、学校と家庭が連携することが大切です。保護者との協力関係をつくることによって、学校がA本人の訴え「叩かれた」「水をかけられた」に対応するだけでなく、訴えの背景にあるAのしんどさをできるだけ早くキャッチすることができるからです。

AとBの関係性は？

　この訴えの背景にあるものを考えていく1つの視点として、AとBの関係性をどのように捉えるのかというポイントに注目することが重要です。AとBは、本来、仲が良く、傍目からはじゃれ合っているように見えていたでしょうか？ それとも、明らかにBの体格の方がよかったり、活発であったりする等、力関係に大きな差が見られたでしょうか？ Aは、自分の行動を優先させてしまう傾向が見られますが、Bは、言葉よりも先に手が出るようなコミュニケーションの特徴が実際にあったでしょうか？ それとも、AがBを脅威に感じて、Bに触れられることを暴力的に捉えざるを得ない理由に心当たりがあるでしょうか？ いずれにしても、AがBとの関係性に何らかの不安を感じており、そんな自分をBから守ってほしいという気持ちを強くもっていたことは確かなようです。

　また、保護者は、「朝の始業前に教室でBから、叩かれたり、物

を隠されたりしているので、見ていてほしい」と担任の先生に求めています。決して、我が子から目を離さないでほしいという切迫した思いが伺え、最終的には、「学校を休ませる」と言わざるを得なくなった保護者は、相当、追い詰められているのではないかと危惧されます。学校が守ってくれないなら、家庭で守るしかないと保護者がバリアを張ってしまっては、学校と家庭が協力してＡのしんどさについて考え、対策を立てるという観点からはほど遠くなってしまいます。担任の先生も保護者もＡを想う気持ちがあるだけに本当に残念です。

Ａの学校に対する安心感を高める

　もし、私が、Ａが通う校内のスクールカウンセラーだったとして、初期の段階で、担任の先生からＡが頻繁に相談をもちかけてくることについて意見を求められたら、これまでのＡがどのような児童だと先生が見立てておられるのかということについて話し合うところから始めたいと思います。

　「話がなかなか理解できない」「授業と関係のない自分が気になったことを質問する」「工作をする時間ではなくても自分が得意の工作をしたりする」等から、さらに具体的なエピソードについて確かめ、小学校中学年になったＡが集団生活に適応しづらくなっている面がありそうであれば、Ａや保護者と面談をもち、困っていることや気になることについて話し合いたいと思います。その上で、Ａや保護者が望まれるなら、個別の支援の必要性を検討することも視野に入れていくだろうと感じます。また、面談の中で、Ａと保護者との関係性について見立て、「担任が話を聞いてくれない、もう学校には行かない」という訴えがＡ本人のものであるなら、Ａの学校に対する安心感を高め、保護者の意向が強ければ、信頼回復に努めるために、定期的に面談を設ける等しながら、校内全体でＡの理解と対応について話し合う方向に向かうお手伝いをしたいと考えます。

記録がどこまで残されているか?

　まず、「事実を正確に捉える」ことの視点から言えば、2学期頃から始まった「Bから肩を叩かれた」「登校中にBにランドセルを叩かれた」「Bに水をかけられた」などの記録がどこまで残されているのかが、1つのポイントになります。当時の記録として、幅広く聴き取りがされているのかは、経験上、担任と学校(管理職)の「力」が如実に現れてきます。仮に、幅広い聴き取りの記録が残されていたのだとしても、Aがストレス性の頭痛、腹痛を訴えていることを、担任や学校(管理職)がどのように捉えていたのかも見えてはきません。A自身の内面と取り巻く環境(外面)に何があったのか、まずは知りたくなります。

　担任と学校(管理職)の違法性が具体的に発生するかどうかは兎も角として、BによるAに対するいじめの再発防止が不十分で、Aには心因反応という受傷があったと裁判所に提訴されることはままあり得ますので、注意が必要です。

A保護者の訴えをどのように認識していたか?

　次に、「紛争解決・調整」の視点から言えば、2学期の半ばに、A保護者が、「学校で頭痛や腹痛がひどいときは、保健室で休ませてほしい」と担任にお願いした点について、担任と学校(管理職)はどのように理解していたのか、1つのポイントになります。よもや、Aが訴える頭痛や腹痛が詐病であるとまでは思ってはいなかったでしょうが、どこまで深刻さと慎重さを備えもっていたかは、その後の学校危機の発展性・重篤性に大きく影響します。設定事案からは想像するしかありませんが、おそらくは、担任はA、Bを謝罪させること、どのように指導するかに意識が集中し、幅広い聴き取りはしてはいなかった可能性は十分にあり得ます。A(さらにはB

も）の心情と心象風景が担任と共有されることがなかったことが（単に話を聞くのとはまた別の次元の話になります。）、結局は、Aの「担任は話を聞いてくれない」という訴えの基礎をつくってしまったのであろうと想像します。

また、A保護者の「本当のニーズ」は、たとえば、「Aが頭痛や腹痛を訴えることがないように注意して見守っておいてほしい」ということであって、「頭痛や腹痛が酷くなったら保健室に連れて行ってほしい」ということは最低限度の要望でしかなかった可能性が高かったと言えます（なぜ、本当のニーズをA保護者が語らなかったのか、語れなかったのかは、臨床心理士やSSWの分野になりますが、弁護士としても注目する点になります。）。A保護者の本当のニーズを捉えられず、距離感の線引きを誤ったことが、担任がA保護者との約束を「忘れる」ことにもつながったように思います。

信頼関係の脆弱化に気づけていたか？

最後に、「学校の危機管理」の視点ですが、もう既におわかりいただけると思いますが、2月半ばには、担任や学校（管理職）とA、A保護者の信頼関係は脆弱なものとなっていたと見られます。ただ、担任や学校（管理職）は、そのことに気がついてもいなかったでしょう。そして、決定的であったのが、担任が、「Aを保健室に連れて行く」というA保護者との約束を反故にしてしまった点です。これに対しては、教員や教育関係者からは強い反発も予想されます。確かに、この場面だけを捉えれば、（A保護者との約束を忘れていたという点を措けば）教育としてはあり得る指導の場面と言えなくもないでしょう。しかし、既に、AとA保護者の、担任、学校（管理職）に対する信頼や期待は脆弱なものとなっていたということを前提とするならば、いかがでしょう。

「学校の危機」は、既に2月半ばにあって、それなりに深刻な状態にあったと捉えられるべきです。その後の「朝の始業前に教室でBから、叩かれたり、物を隠されたりしている。見ていてほしい。

きちんとＢの保護者に伝えているのか」とのＡ保護者の要求を、担任が過剰要求と捉えてしまい、「勤務時間ではないため対応は難しい」と伝え、Ｂの保護者にも連絡をしなかったことで、この設定事案は、解決困難な事象に至ります。この紛争の発展・推移は、弁護士からすれば、至極当然の結果です。なぜ、担任がＡ保護者の要求に応えることができなかったのか。分岐点は、２月半ばにあると思います。この時点で（早期には２月頃にＡ、Ｂ間で衝突が繰り返されている時点で）、専門家チームを活用するべく、学校（管理職）から市教委に相談できる校内の体制を、学校（管理職）が平時から構築しておくことが大切です。

👤 SSWsv（黒田先生）

Ａの発達特性を踏まえた指導になっていたか

　本事案においてスクールソーシャルワーカーとして押さえておく点は３点あると考えられます。１つめは担任のＡに対する初動です。次にＡの保護者への対応、最後にケース全体に対してのアセスメントです。

　まず、担任はＡの発達的傾向を把握しておきながら、初動で、そのことが十分に活かされていないことがあげられます。また、このケースにおいて、Ａが直接担任にＢからの行為について相談しているという事実を押さえる必要があります。子どもが担任に相談をするということは、強弱はありますが人を頼る力をもっていること、担任を信頼している証しと捉えることができること、また子どもにとって余程の困りがあると考えることができるからです。

　Ｂに「肩を叩かれた」「登校中にＢにランドセルを叩かれた」「水をかけられた」というＡの訴えがあった際に、まず担任はこのケースをどう捉えたでしょうか。いじめ（疑いを含む）の被害の訴えと

いう評価があれば、管理職に報告し、学校としての対応をスタートさせなければなりません。この初動の前提となる立てつけ次第で、ＡとＢ双方の聞き取りの仕方や、対応が左右するということを、理解する必要があります。担任はＡとＢ双方に同様の指導を行っていますが、ここでは担任がＡの特徴を踏まえた上で指導を行ったかどうかという点がポイントになります。

　もしもＡの特徴を念頭に置いた対応でなかったのであれば、本当の意味で、担任がＡを理解しているとは言えないでしょう。逆に、Ａの行動的要素を把握しているがために、訴えを聴いただけで終わらせてしまった可能性も考えられます。事実確認を大前提として、Ａが納得する形で支援と指導を行えていない点が、後にＡが身体的不調を訴えた１つの要因であると考えることができます。

　Ａに身体的不調が出現し、Ａの保護者から担任に「学校で頭痛や腹痛がひどいときは、保健室で休ませてほしい」という要望が伝えられていますが、その時点で、担任は保護者にＡの状況を詳しく聞く必要がありました。それは身体症状の頻度や程度、出てくるときの条件などです。また、学校生活での身体症状について保護者からの要望を担任が失念している点から、担任のＡへの理解や受け止めが乏しかったことも推察されます。そのため、自分の訴えを受け入れてくれなかった担任に対してのストレス、他方、担任からの要望を受け入れなければならない状態に限界を感じたことが担任への不信につながっていると考えられます。

いじめは「疑いがある」時点から組織対応を

　次に担任の保護者への対応についてです。Ａが給食を食べることができなかったときに、担任はＡの保護者から「気をつけてほしい」という要望を受けています。また「ＢからＡが叩かれたり、物を隠されたりしていることをＢの保護者に伝えているか」というＡの保護者からの訴えに対しての回答も、担任の判断で「対応が難しい」などと返しています。ここに、いじめ対応の不十分さが見て取れま

す。

　いじめは疑いがある可能性が生じたときから、組織対応が必要です。そのことに対する担任の認識不足、当該校のいじめ対応の体制不備があると言わざるを得ません。担任の対応は、Aの保護者に「学校に任せられない」という印象を与え、またBの保護者に事実の確認を行った上での連絡ができていなかったことも、事後の展開の状況悪化を招く要因となっています。このことがAの保護者がのちに「警察にいく」という行動につながったと考えることができます。Bの保護者の立場で考えると、担任に対して「なぜ、知らせてくれなかったのか」という思いと、A保護者に対して「いきなり警察とはどういうことだ」という状況理解がしにくい状況が生まれます。いじめ事象の加害とされる保護者へ、早期にまた随時、適切な情報提供が行われていないことは、学校現場ではしばしば見られ、学校と加害保護者との関係性にも支障が出ることが少なくありません。被害保護者への支援を進めると同時に、加害保護者にも事実経過と加害児童への具体的指導の説明、またいじめへの対処に係る助言を行うことを心掛けておくことが重要です。

　最終的にAの保護者が市役所に赴き「学校に対して不信がある」という訴えにつながっていきます。さらにBの保護者からも約束が

事実に根拠を置いた正しいアセスメント
↓
○予測をもった対応が可能（対処療法にならない）
○うまくいかないとき（本人の不適合/不登校傾向、保護者からの反感etc.）、修正の方法・方向性が定まる。
事実が異なる/不正確/不足しているからなのか、評価（アセスメント）が間違っているのか、具体的なプランがアセスメントに適合していない/校内体制が十分に組めていない/関わりの場面や面接場面、指導場面での方法が十分ではない/下手なのか。

事実に根拠を置かない間違ったアセスメント
＝単なる感覚/主観でしかない。
↓
○対処療法になる（予測をもてない）
○うまくいかないとき（本人の不適合/不登校傾向、保護者からの反感etc.）、修正の方法・方向性が定まらない。
結局は、対処療法になってしまい、学校・本人・保護者の不安・不満が高まって、ちょっとした行き違いが起こる/関係が修復回復しないというストレスフルな状況が慢性化していく。

違うという訴えがあります。この約束の内容も、Ａ、Ｂ双方のアセスメントがないために、その後ＡがＢに関わっていく可能性を想定できていなかったと考えられます。言い換えれば、謝罪後のＡ、Ｂの行動予測が十分でなかったために、起こったことでしょう。

　繰り返しますが、いじめ事象における保護者への対応は、事実確認を踏まえて、いじめの認定等の評価と学校の公式見解に基づいた具体的対応の説明が不可欠です。保護者は学校で子どもに何があったのかを直接的に知ることはできません。子どもから聞く話と、担任からの間接的な情報からしか学校での子どもの様子を知ることはできないのです。そのため、担任は状況を丁寧に説明し、保護者の心情に寄り添いながら話をする必要があります。

困難事例の多くは初動でつまずいている

　最後にケース全体の見立てについてです。本ケースでは初動での対応がポイントだと思います。学校における問題の複雑化、困難事例の多くは、初動における対応のつまずきがよく見られます。Ａが訴えた事実を丁寧に聴き取り、またＡの特徴を踏まえた上で支援を行い、Ａが理解できるまで根気強く指導すること、その経過を詳細に保護者に伝えることが必要だったと考えます。また、担任が単独で対応せず、チームとしてアセスメント及び対応ができていれば、深刻化することを防ぐことができた事案であると考えることができます。

　また、Ａが頭痛や腹痛といった身体症状を訴えた時点で医療との連携を図り、Ａの状態を確認しておくことも大切です。小学校では、担任は特定の立場にあることから、子どもと関わる時間や任せられる役割も多いため、１人で抱えているケースが多いこと、さらには直接子どもや保護者との日々の関係性があるために、物事をフェアに見ることが難しく、本質を見落とすリスクも少なからずあることにも注意が必要です。

①Ａ及びＡ保護者と SC との面談を設定し、Ａの心のケア及びＡ保護者の相談、アセスメントの推進。【主担当：教頭、生徒指導担当】

②Ａの主治医及び養護教諭等と連携し、医療的支援の充実（腹痛、頭痛等への適切な対応）。【主担当：教頭、養護教諭、生徒指導担当】

③Ａが不調になった場合の対応を、Ａ及びＡ保護者と協議した上で簡単な表を作成する。【主担当：教頭、担任、養護教諭】

④信頼関係の構築のため、定期的にＡ保護者と面談する場を設定し、情報交換を行う。【主担当：教頭、生徒指導担当、担任】

⑤特別支援コーディネーター等と連携し、Ａの特性を踏まえた支援を展開する。【主担当：特別支援コーディネーター、担任、生徒指導担当】

⑥中期的な目標として、特別支援の必要性をＡ保護者と共有し、専門家との連携を進める。【主担当：特別支援コーディネーター、養護教諭、担任、SC】

⑦次回、●月●日（１カ月後）に会議を開催する。

（事案のその後は p.108 に掲載）

ケース②不登校事案

　小学校低学年のCは、おだやかな性格で学級の中では比較的目立たないタイプの子どもでした。一方で、感度が豊かなところがあり、学校で自分が注意された場面だけでなく、他人が注意されている場面においても、まるで自分が注意されているような気持ちになってしまい、これまでもしんどくなって欠席してしまうことがありました。

　2学期のはじめには、国語の本読みの時間に、Cが朗読していた際、Cの声が小さかったため、周囲の児童が、「聞こえへん」と言い、それに対して担任はCに対して、「もうちょっと大きな声で読もうか」と言いました。その日、Cは家に帰ると、「先生が恐い、学校に行きたくない」と泣いて保護者に訴えました。

　また運動会のダンスの練習中に、Cの隣の児童がダンスの振り付けを間違えてしまい、それに対して担任は、「何回間違えたら覚えるの?」と少し強い口調で注意しました。それを聞いたCは「自分が間違えたらどうしよう」と不安な気持ちが大きくなり、練習ができなくなってしまい途中から見学しました。この日も、家に帰った後に、「先生が恐い、学校に行きたくない」と保護者に訴えました。

　保護者は、担任に電話をかけ、「実は、1学期からCが担任に対しての不安な気持ちをもっていて、学校に行きたくないと言っている」という旨の話をしました。その際、担任は「普通に声をかけているだけで、恐がるようなことはしておらず、気にしすぎではないか」という旨の話をしました。Cも保護者も、担任がCの気持ちを受け止めてくれない、自分たちが悪いのか、という想いを抱くようになっていきました。

　その後、Cは自宅で髪の毛を抜く、壁に頭をぶつけるという行為をし始めたため、保護者はCを心療内科に連れていき、長期的に学校を欠席するようになってしまいました。

　保護者は別の学年の教員にも、Cが担任に対して強い不安をもっていること等を相談しましたが、校内の対策組織で具体的な支援等が検討されることはなく、Cについては、不登校の児童として情報共有されるのみでした。

　担任は、家庭訪問してもCとは会えず、保護者に電話をしてもつ

ながらないことが多くなり、ときどき手紙などをポスティングする
程度で、何の進展もないまま半年以上が経過しました。
　新年度、新たな担任に変わった際、前担任から以上のような経緯
が引き継ぎされずに、新担任は家庭訪問やポスティングを行います
が、Cの不登校の状況は変わりませんでした。
　その後、困ったC保護者が教育委員会に相談に来られました。

▶【専門家の見立て】

 指導主事（木田先生）

Cの特性を担任はどこまで理解していた？

　Cは他人が注意されている場面においても、まるで自分が注意されているような気持ちになってしまうなど、感情豊かな面をもっているようです。最近では、「非常に感受性が強く敏感な気質をもった人」を意味するHSP（Highly Sensitive Person）という言葉をよく聞くようになりましたが、感情豊かな子どもや大人は昔から存在していました。しかし、HSPが最近になって注目されている背景には、今の社会では「生きづらい」と感じる人が少なくなく、個人で生活を見直すことや、さらには社会や学校の中で配慮や支援が必要だと考えられてきたためだと推察します。

　本事案では、C保護者が担任に対してCのそのような特性を伝えていますが、担任はどこまで理解していたのでしょうか。Cが継続的に抱いている担任への恐怖心や不安に対して、「Cの気にしすぎ」と判断する前に、丁寧にアセスメントし、Cを多面的に理解することが望まれますが、校内の対策組織では検討されずに時間が経過してしまいました。

「先生のこと」が原因で不登校になる子どもがいる

　不登校児童生徒と教員との関係をお伝えするのに、文部科学省が令和3年10月に公表した「不登校児童生徒の実態把握に関する調査報告書」を紹介したいと思います。本報告書は、令和2年12月1日〜令和2年12月28日を調査対象期間とし、対象を小学校6年生または中学校2年生で、前年度（令和元年度）に不登校であった者のうち、調査対象期間に、学校に登校または教育支援センターに通所の実績がある者となっています。

本調査が画期的なのは、実際に不登校を経験した子どもが学校を経由せずに、直接、郵送で国に回答している点にあります。全ての不登校児童生徒が回答しているわけではありませんが、不登校児童生徒の考えや気持ちをよりリアルに把握することができます。

　調査結果の中で、「最初に行きづらいと感じはじめたきっかけは？」の質問に対する回答で、小学生の第１位（29.7％）が「先生のこと（合わない、怖い、体罰など）」、中学生の第１位が「身体の不調（32.6％）」で第３位が27.5％で「先生のこと（合わない、怖い、体罰など）」となっています。これらは複数回答可となっていることに留意が必要ですが、不登校を経験した小学生の第１位と中学生の第３位に「先生のこと」が入っています。

　一方で、不登校に対する先生方の認識を確認するために、文部科学省「令和４年度 児童生徒の問題行動・不登校等生徒指導上の諸課題に関する調査結果」を見てみます。本調査は、年度末に学校の不登校等の状況を先生が回答しています。調査結果の「不登校」と回答した児童生徒全員につき、「不登校の要因」の主たるもの１つを選択しています。その中で、「教職員との関係をめぐる問題」と回答している割合は、小学校で全体の1.8％、中学校で0.9％となっています。ちなみに小・中学校ともに第１位が「（本人の）無気力、不安」で、小学校が50.9％、中学校が52.2％です。

　不登校児童生徒が直接答えている先の調査では、「最初に行きづらいと感じはじめたきっかけは？」という質問に対して、先生が回答している調査では、「不登校の要因」という質問になっているなど、質問内容やその他の条件が完全に一致しているわけではないので、数字をそのまま比較して判断することはできませんが、少なくとも、学校が不登校児童生徒をアセスメントする難しさを感じずにはいられません。学校は、不登校児童生徒の「無気力・不安」からもう１歩アセスメントを深め、その背景を検討すること、さらに「もしかしたら教員との関係が原因なのかもしれない」という視点で、自らの視座を問う姿勢が重要です。つまりは、対象児童生徒の

みならず、教員自身（学校）を含めたアセスメントに努めることが大切だと考えます。そうなると、やはり外部性を有したSCやSSWがアセスメントに加わることが有効です。

　本件では、校内の対策組織で検討されませんでしたが、以上のような視点でアセスメントを行うとともに、早期にCへの具体的な支援に取り組むことが望まれます。それらと合わせて、C保護者との信頼関係の再構築、Cが通院する医師との連携が欠かせません。

公認心理師／臨床心理士（片山先生）

Cのこころを感じ、想像する

　Cのように、「学校で自分が注意された場面だけでなく、他人が注意されている場面においても、まるで自分が注意されているような気持ちになってしまい、しんどくなって欠席してしまう」というような高い感度をもっている児童を理解するためには、学校の感度を上げる努力をする必要があると思われます。というのも、隣の児童が強く叱責されていることを自分のことのように感じて不安が強まり、緊張から体が動かなくなり、学校から離れたにもかかわらず、家で恐怖心が強まり、学校を回避したくなるというCの目まぐるしいこころの力動に周囲がついていくことはなかなか困難だからです。

　Cは、おだやかな性格で学級の中では比較的目立たないタイプであったようですが、繊細な子どもは、刺激に対して人一倍強い反応を示す傾向があり、他者よりも強い影響を受けやすく、環境に対してとても敏感なため、周囲に人がいるときは、必死でその場に溶け込もうとする面をもつと言われています。Cのおだやかさが敏感さに起因している場合は、表面上のおとなしく静かなCとともに、Cのこころのひだを想像することが求められます。

「普通に声をかけているだけで、恐がるようなことはしておらず、気にしすぎではないか」という担任の先生の発言に、自分にとっては普通の声かけが、自分とは違う他者にとっては強い反応や影響をもたらすものであるという視点を加えたら、どのような言い換えができるでしょうか？『自分の声かけがCにとってはどのように聞こえたのだろうか？』『恐いと感じたのは、私の言葉だろうか？　口調だろうか？　声の大きさだろうか？　表情だろうか？』『私は、Cが恐がっていることに気づけなかったが、これから少しずつ、Cの恐さを理解して、Cが安心して学校生活を送れるように考えていきたい。Cがどのような場面で不快を感じたり、心地よさを感じたりするのかを教えてほしい』と対話をもちかけ、もし、Cがそれに応えてくれたなら、こちらの感度を積み重ねていくスタートに立てるのではないかと思われます。

　エイレン.N.アーロンは「敏感すぎる私の活かし方」の中で、敏感さは、感情や共感能力の強さという側面をもっていることについて触れていますが、影響の受けやすさによって傷つく可能性もあることに留意することは重要です。Cが自分の気持ちを受け止めてくれないと捉えて担任の先生を責めるのではなく、自責的になるのはさぞ苦しいことでしょう。その苦悩を抜毛や自傷行為、登校しぶりという行動によって表現せざるをえなくなったのではないかと想像すると、Cの傷つきの大きさが想像できます。担任の先生だけでなく、学校という場そのものが恐怖の対象になってしまい、にっちもさっちもいかなくなって、Cが医療を受診したのだとしたら、学校が保護者に了解を得た上で、医療と連携し、Cの状態を把握し、学校でできるケアについて校内で話し合いを進めることができるのではないかと考えられます。

　このとき、保護者は、別の学年の先生にも相談し、SOSを発信しています。学校は、Cを長期欠席している不登校の児童として認めていますが、Cが担任の先生に強い恐怖心を抱いている背景にどんな要因があるのかということに目を向けることがなかったのだと

したら、保護者の学校に対する不信感は強まる一方であろうと思われます。

　もし、私が、Cが通う校内のスクールカウンセラーだとしたら、Cの高い感度を他者の意図や感情を読みとる優れた共感能力と捉え、それを強みとして活かす助けができないだろうか？ Cが自己を否定するのではなく、自己の肯定感を育む方向へつなげるためにどんなことができるだろうか？ 等について、Cや保護者、校内の先生方と一緒に話し合ってみたいと思います。学校がCの豊かな感受性の世界を想像し、追体験していく感度を高めていくことを、学校が自分を誠実に理解しようとしてくれているとCが感じられたなら、学校は、Cにとって、安心できる大人がいる環境であると受け止められるようになると考えられるからです。

　このように、子どもたち一人ひとりのもつ不安に対する感度を高めるために、我々大人が自分とは違う受け止め方をする子どもたちのこころを感じたり、想像したり、教えてもらおうとする態度で寄り添うことが大切だと思います。

★参考文献：エイレン. N. アーロン『敏感すぎる私の活かし方』パンローリング株式会社

 弁護士（笠原先生）

教職員がいじめを「深刻化」させる可能性

　まず、ケース①と同様に「事実を正確に捉える」ことの視点、および、「紛争解決・調整」の視点から言えば、保護者が、2学期になってから、「実は、1学期からCが担任に対しての不安な気持ちをもっていて、学校に行きたくないと言っている」と訴え、これに対し、担任は「普通に声をかけているだけで、恐がるようなことは

しておらず、気にしすぎではないか」と答えている点が、１つのポイントとなります。最近、いじめ防止対策推進法の趣旨から、「大人（教員）によるいじめ」を訴える保護者が一定数います。同法第２条第１項は、「この法律において『いじめ』とは、児童等に対して、当該児童等が在籍する学校に在籍している等当該児童等と一定の人的関係にある他の児童等が行う心理的又は物理的な影響を与える行為（インターネットを通じて行われるものを含む。）であって、当該行為の対象となった児童等が心身の苦痛を感じているものをいう。」と定めていることから、大人（教員）は、いじめの主体としては想定されてはいません。ただ、国のいじめの防止等のための基本的な方針では、「なお、教職員の不適切な認識や言動が、児童生徒を傷つけたり、他の児童生徒によるいじめを助長したりすることがないよう、指導の在り方には細心の注意を払う。教職員による『いじめられる側にも問題がある』という認識や発言は、いじめている児童生徒や、周りで見ていたり、はやし立てたりしている児童生徒を容認するものにほかならず、いじめられている児童生徒を孤立させ、いじめを深刻化する。」と指摘している点について、あらためて謙虚に考えなければならないでしょう。

　本来、担任としては、「普通に声かけをしているだけ」「気にしすぎ」との思いがあったとしても、「感じ方は様々である」（いじめの授業や道徳の授業を通じて子どもたちにはそのように教えているはずです。）との観点から、１学期から２学期までの間、担任自身の指導の在り方や認識、発言について、Ｃが何を感じていたのか、関心をもって知ろうとするべきでした（Ｃが何を感じていたのかを探求することは、臨床心理士やSSWの分野になりますが、弁護士としても注目する点になります。）。担任が関心をもって知ろうとする意思や態度を示したならば、ＣとＣ保護者が担任に対する信頼や期待を失うことはなかったでしょう。なぜなら、ＣとＣ保護者の本当のニーズは、そこにあったわけですから。

失った信頼をどう取り戻すか

　最後に、「学校の危機管理」の視点ですが、もう既におわかりいただけると思いますが、担任が、「普通に声かけをしているだけ」「気にしすぎ」と答えた時点で、CとC保護者の信頼を失っています。問題は、C保護者が別の学年の教員に相談し、校内の対策組織に共有されたとき、担任ないしは学校（管理職）に対する信頼をどのように取り戻すのかが検討されたかどうかです。誰しもが失敗はします。しかし、大切なのは、そこからの復旧・回復を、失った者が自ら（主体的・自主的に）しようとするかなのです。そこには、信頼を裏切られ傷つけられた者に対するメッセージ性に大きな違いがあります。

👤 SSWsv（黒田先生）

よくある何気ないやり取りでも……

　本事案においてのポイントは①担任のCに対するアプローチ、②保護者へのアプローチ、③校内連携、にあると考えます。

　まず、国語の授業中、Cの朗読の場面です。周囲の児童が、Cに対して「聞こえへん」と言い、それに対して担任はCに対して、「もうちょっと大きな声で読もうか」と注意を促す場面は、通常の学級ではよくあるエピソードです。一見、何気ないやり取りで、同じ場面でも何も思わない児童もいることでしょう。小学校低学年のこの学級では、平時からどのような指導が行われていたのでしょうか。担任が、Cの感受性が豊かであるという心理的特徴を把握していたにもかかわらず、なぜ全体の前でCに対して、そのような言動になったのか、ここから担任を含む学級アセスメントが必要と考えます。その後、担任からダンスの練習中に、他の児童に対して強い口

調で注意されたことで、日常的に感じていたCの不安感をより増幅させ、「学校に行きたくない」理由につながった可能性があります。

また、Cが自宅で髪の毛を抜く、壁に頭をぶつけるという行為も、身体症状が現れているとみなすことができます。小学校低学年の子どもがこのような症状を呈するという意味をどう捉えることができるでしょうか。この段階で、専門職にご相談をいただき、一緒に協議ができていれば、Cの背景事情をアセスメントできたでしょう。子どもの不可解な症状をそのままにせず、専門職に相談するという選択肢をもっていただきたいと強く望みます。

また、②保護者へのアプローチの課題もうかがえます。Cの保護者がCの状況を相談したのに対して、担任は自分を顧みることなく、「自身の対応に問題はない。気にしすぎではないか」という発言をしています。これは、担任の主観的発言であり、Cの状況や心情、しいてはアセスメントに基づいた言動とは言えません。厳しい言い方をすれば、担任の発言は、「学校に来れなくなったのは自分の責任ではない」という保身的言動ともとることができます。このことはCのみならず、Cの保護者に対しても強い不安、そして不信感を増幅させることとなったと考えられます。その不安感や不信感がCと会うことや、保護者との連絡のしにくさにつながり、不登校状況が半年も変化なく経過した要因と捉えることができます。

1人で事案を抱えず、別のアプローチを模索する

スクールソーシャルワーカーとして特に注目したい点は、③校内連携の在り方です。それは、Cの保護者が同学年の別の担任に、Cの担任に対する強い不安があることを相談していたという事実があるにもかかわらず、校内での具体的な支援が検討されていないことです。不登校事案においては当該担任以外にも、同学年の教員や不登校担当の教員に相談できる窓口がありますが、そういった場合、学年同士の連携を図り、情報共有や支援の検討などを横断的に行う必要があります。Cの担任からのアプローチが困難な場合、同学年

の違う教員からのアプローチ、場合によっては管理職からアプローチしていくことも状況を改善させていくために必要なことです。ここでも、担任が1人で事案を抱えて状態を悪化させてしまったことが伺えます。チームとまではいかないまでも、同学年で横の連携を図り、別のアプローチを模索すれば、状況が半年間変化しないという事態を避けることができたのではないかと考えます。

さらに、年度が替わり、新たな担任に替わった際にも、前担任から情報の引き継ぎが行われなかった背景には何があるのでしょうか。縦断的な連携も不十分だった可能性があります。そのため、次の担任もCの状況理解が正確にできておらず、Cに届かないアプローチを継続することになります。この点から、学校組織としての引き継ぎの在り方にも課題があると言わざるを得ません。

この事案の状況改善を図っていくためには、まず情報整理を行い、状況における事実の確認、Cがなぜ不登校になったのか、Cが登校できるためには何が必要かという視点でアセスメントとアプローチの具体を考えていくことです。そして、当該学年と、前学年の教員、管理職や支援コーディネーターも含めてケース会議を行い、改善に向けた方向性を定めることが必要です。このケースの場合、アセスメントを行う際に、Cが現在登校できていないという事実を抑えること、その一因が担任の対応にあるかもしれないことを、学校として理解することから始めなければなりません。その上で、CやCの保護者の不安感や不信感に対して、どのような支援を考え、アプローチしていくかを具体に提示することが重要となります。小学校において、担任を外した対応が考えにくいことはわかりつつも、Cにとっての最善の利益を考える上で、それが望ましくない場合は、イレギュラーな対応を検討することも必要です。複数のアプローチのパターンを考え、1人の教員に負担が集中しないようCに対応する教員、Cの保護者に対応する教員など役割を分担し、密に情報共有と行動連携を進めたいものです。

最後に、スクールソーシャルワーカーが支援を行う際に、学校ア

セスメントが欠かせないことを付け加えます。不登校のケースといっても千差万別で、似たようなケースであったとしても、１つとして同じケースはありません。不登校対応のマニュアルはないのです。それは、関わる担任、学級集団、学校組織も同様に、10ケースあれば10通りの仕組みや関係性があるからです。関わる人が違えば、結果も変わります。そのことを理解し、対応の基本形（アセスメントベースの対応）を押さえることが何より重要です。

▶【専門家によるプランニング】

①Ｃの主治医と連携し、Ｃの心のケア及びアセスメントを進める。【主担当：養護教諭、学年主任】

②学校を欠席している間の学習支援計画を作成する。【主担当：担任、学年主任、特別支援コーディネーター】

③Ｃ及びＣ保護者とSCとの面談を設定する。【主担当：教頭、養護教諭、学年主任】

④ＣやＣの学級における担任の指導等について事実関係を調査する。【主担当：教頭、生徒指導担当、学年主任】

⑤担任をはじめとする全教員に対して、調査結果の説明及び調査結果から明らかとなった課題を共有する。【主担当：校長、教頭、生徒指導担当】

⑥第三者（教育委員会等）が立ち合いのもと、Ｃ及びＣ保護者に対する調査結果の説明及び信頼回復の場を設定する。【主担当：校長、教頭、生徒指導担当、担任、教育委員会】

⑦次回、●月●日（１カ月後）に会議を開催する。

（事案のその後は p.109に掲載）

ケース③性被害事案

　中学生女子生徒Dは、普段から遅刻が多く、登校後も1人で廊下を徘徊したり、教員と別室でお話ししたりして過ごすことが多い生徒でした。同じ学年には仲の良い友人があまりいないため、放課後は年上の男子生徒らと一緒にいることが多かったです。

　その日の放課後も、いつもの通り放課後に年上の男子生徒らと学校の近くの公園でたむろしていたところ、男子生徒EがDに対して「性行為をさせてほしい」と言いました。Dは「いいよ」と言い、公園内のトイレで性行為を行いました。その後、公園で一緒にたむろしていた男子生徒FとGも「Eだけずるい、俺も性行為をさせてほしい」とDに言うと、Dは「わかった」と言い、FとGとそれぞれトイレで性行為を行いました。

　その後、Dは1週間連続で学校を欠席しました。これまで1週間連続で休むことはなかったため、担任は家庭訪問を行い、Dと話をしました。するとDから、先日の公園での出来事や、さらには「死にたいと思っている」と言葉がありました。担任が、このことを保護者は知っているのかとDに尋ねると、D保護者は毎日帰りが遅いため、ほとんど話をする機会がなく、話していないということでした。

　担任から報告を受けた管理職は、関係の職員らを招集し緊急会議を実施し、今後の方針を話し合い、Dのケア及び事実確認、保護者との連携を早急に行うことを決めました。実はDは、1年程前にも、出会い系サイトで出会った成人男性と性行為を行い、警察が介入した事件を起こしていました。

　その後、学校はDの了解のもと、D保護者に説明し、専門機関と連携し、Dの身体検査や心のケアに取り組むとともに、E、F、Gへの聞き取りを実施しました。聞き取りの中で、E、F、Gは性行為の事実は認めましたが、あくまで同意の上で行ったので、決して無理やりではないと言います。Dからも、「性行為は無理やりではなく同意した」と話がありました。

学校職員と、Ｄ、Ｅ、Ｆ、Ｇの保護者とが話し合った際、Ｄ保護者からは、「これは犯罪である。Ｄは死にたいとまで言っている。Ｅ、Ｆ、Ｇが学校に来るとＤが登校できないため、転校してほしい。警察に被害届を出す」と話がありました。一方、Ｅ、Ｆ、Ｇの保護者は、「性行為については、Ｄが同意しているから、犯罪ではない」と主張し、話し合いは平行線で終わりました。

　その後、警察の捜査が行われますが、最終的に「事件性なし」と判断され捜査は終了します。Ｄ保護者は学校に対して継続的に「Ｅ、Ｆ、Ｇは犯罪者であり、転校させてほしい」と訴え、一方、Ｅ、Ｆ、Ｇ保護者からは学校に対して、「我々の子どももこの件で傷ついている。噂が広まり、学校にも行きづらくなっている。風評被害だ」と訴えがあります。間に挟まれた学校は、どうしてよいかわからず困ってしまい、教育委員会に相談がありました。

▶【専門家の見立て】

 指導主事（木田先生）

Dの置かれている状況を「危機」と捉える

　当初、学校は、Dが同意の上で性行為を行っていたことから、「これは性暴力ではなく、いじめでもない」と捉えました。そのためDの心のケアとしてSCとの面談を設定するなど取り組んでいましたが、一方でE、F、Gへの指導が曖昧な内容となってしまい、結果としてD保護者の不信を招き、さらにはE、F、Gの内省が深まらずに、Dの欠席も長期化しました。また事態が長期化する中で、E、F、G保護者から「噂が広まり、学校にも行きづらくなっている。風評被害だ」と訴えがあり、深刻化が進んでいます。

　このように深刻化した原因の1つに、学校が本件について「これは性暴力ではなく、いじめでもない」と捉えたことがあげられます。学校がこのように捉えるに至ったのは、D本人が、学校や警察からの聞き取りにおいて「性行為は無理やりではなく同意した」と答えたことと、Dの家庭が複雑な家庭で、Dの普段からの不良行為（茶髪や喫煙、深夜徘徊等）は家庭の問題が大きいと捉えていたことが大きかったようです。

　1年前にも、Dが出会い系サイトで知り合った成人男性と性行為を行っていることからも、Dが様々な課題を抱えている、もしくは抱えることを余儀なくされていることは推察できます。学校が言うように家庭の問題も大きいように思います。したがって、Dが今回、「死にたい」と言っていることは、本件の事案のみが影響しているとは考えにくいです。しかし、本件の発生後に、Dは学校に行けなくなり、「死にたい」と言っています。この事実は、Dにとって「危機」と捉えなければなりません。

　警察は「事件性なし」と判断しましたが、先に触れたようにDは

言葉にできない様々な想いを抱えていることが想像され、複数の相手と性行為を行うことは、自らを傷つける自傷行為の可能性も考えられます。また状況から考えて、普段から一緒にいる年上の男子生徒、それも複数人から性行為を求められて、断りにくいことは容易に想像できますし、その後、欠席が継続し、「死にたい」と発言するなどDの変化を見れば、相当の苦痛を伴っていると考えられます。

　そのように考えると、警察が法的に犯罪と判断しなかったとしても、本件はDの尊厳を傷つける性暴力ですし、法に基づいて、いじめと捉えることが必要です。その上で、D保護者のみならず、E、F、Gの保護者ともDが抱える苦しさや切なさ、何よりDが置かれている危機的な状況について可能な範囲で共有し、大人として、1人の生徒をどのようにして救済し守るのかについて検討することが重要です。

　またE、F、Gに対する指導支援として、自分たちの行為が（たとえ同意があったとしても）、そのようなDの危機的な状況をつくり出したことを認識させ、意図がなくとも、Dが深く傷ついていることに対して内省を促すことが大切となります。

 公認心理師／臨床心理士（片山先生）

Dと保護者の関係性は？

　Dは、自分の居場所がないと感じているのではないか？　Dの普段の行動から、最初に私が抱いた印象です。遅刻が多く、登校後も1人で廊下を徘徊しているDは、年上の教員や男子生徒らと過ごすことで自分の寂しさを紛らわせているのではないか？　クラスには馴染めず、根無し草のような心もとなさをいつも抱えているのではないか？　そんなDが、自分の居場所を確保することは、自分ではなく他者の要求を満たすことであると思い込んでしまっているの

はないか？ それによって、複数の男子生徒の性行為の要求を受け入れたのだとしたら、Ｄの心は空虚感でいっぱいになり、とても傷ついたことであろうと想像して、私のこころも痛みます。

　Ｄの連続的な休みを「いつもと違う」と直感し、担任の先生が家庭訪問をされたこと、Ｄが自分の傷ついた体験を担任の先生に話せたことは、普段からＤと担任の先生との信頼関係が育まれていたからこそであり、Ｄが本当のことを打ち明けてくれて安堵しました。その一方で、保護者に話すことなく、１週間も１人で大きな傷つきを抱えていたＤは、とても心細かったであろうし、もしかしたら、家族との絆を感じられない、家庭の中にも居場所がないような寂しさを普段から味わっていたのではないだろうか？ という疑問がわいてきます。ここで、Ｄと保護者との関係性についてアセスメントすることが重要だと思われます。Ｄは、仕事で忙しい保護者にずっと気を遣って、寂しさを我慢していたんだろうか？ 保護者は、学校に馴染めていないＤを気にかけつつも、経済的な事情等で忙しく、ゆっくりＤと話せないことを気にしていたのだろうか？ あるいは、ＤがどれだけＳＯＳを発しても、保護者はＤには無関心だったのだろうか？ 等、気になることがたくさんあります。

　学校で開かれた緊急会議では、それぞれの先生方が必死でＤを守るために、膝を突き合わせて今後の方針について考えようとされたと思われます。

反復行為の背景にあるもの

　もし、私が、Ｄが通う学校のスクールカウンセラーで、この事案を話し合う会議に同席させていただけたとしたら、次のようなことを質問したいと思います。「１年程前に、Ｄが出会い系サイトを通じて知り合った男性と性行為を行い、警察が介入した事件があったようですが、この事件のいきさつ、Ｄの心身の状態、保護者の受け止め、学校の対応、その他関係機関の介入がどのように絡み合い、功を奏したのか？ 表面上は収まったかのように見えるが、曖昧で

あったことや今後の不安を孕むことがあったか？ この1年で、D
が再び、自分のこころと身体を大切にできない、むしろ、傷つける
ようなことをせざるをえなくなった動機に心当たりがあるか？」
等、Dの反復行為の背景にあるものを理解し、Dが行為で自分の居
場所がない寂しさを表現せざるをえない現状を、何とか言葉で表現
できるようになるためのお手伝いができないかということを考える
からです。

　Dと面談の機会がもてたなら、最初に、Dがこれまでに一番ほっ
と安心できる対象について尋ねてみたいと思います。それが、母親
であったり、父親であったり、親戚のおばさんであったり、学校の
先生であったりした場合、安心できる対象との絆を回復したり、絆
を紡ぐためにDができることについて話し合ったり、対象に協力を
求めたりしたいと思います。

　そして、Dが学校を自分の居場所にしたいと希望しているなら、
Dが安心して登校できる環境を整えるために、E、F、Gと接触し
ないような動線について校内で話し合いたいと思います。その上
で、クラスの中にDが安心して居られて、同級生と交流できること
をDが望むなら、D自身がどのような気持ちでどのように振る舞う
とうまくいきそうか等について、一緒に考えることができたらよい
なと願います。

 弁護士（笠原先生）

「個の尊厳」が傷つけられていないか

　大変に難しい問題です。子どもへの性暴力には、刑法や児童福祉
法、リベンジポルノ被害防止法（私事性的画像記録の提供等による
被害の防止に関する法律）、児童ポルノ禁止法（児童買春・児童ポ
ルノに係る行為等の規制及び処罰並びに児童の保護等に関する法

律）、ストーカー行為等の規制等に関する法律、青少年健全育成条例、迷惑防止条例などで処罰されるものから児童虐待防止法で禁止される虐待行為、いじめ防止対策等推進法で禁止される重大な「いじめ」とされるものまでが含まれ、相当な広範囲に及んでいます。

　法律が性暴力から守ろうとする個人の権利・利益は、一般的には、個人の「性的な自由」「性的な自己決定権」だと言われてきましたが、性暴力が、「魂の殺人」と言われるほどに深刻かつ重篤な「個の尊厳」に対する攻撃であることを捉えれば、より端的に「性的な人格権」や「人格的統合性」を守るべきであることが提唱されています。「個の尊厳」が傷つけられているときには、性暴力の被害としての対応を心がけてください。

　では、Dは、終始一貫して、「性行為は無理やりではなく同意した」と答えていますが、Dの尊厳が傷ついていないと言えるのでしょうか？　時として、加害者は自分がした性行為自体を認めたとしても、「相手は嫌がってはいなかった」「むしろ誘われた」「付き合っていた」「好意をもっていた」など、暴力性を認めない場合が往々にしてあります。

　しかし、同一機会に複数の男性と性行為をもつ行為は、仮に被害者が同意を表明していたとしても、それは、「自傷行為に等しい」ものと言え、むしろ、「個の尊厳」を傷つけるものでしかありません。そこでは、D自身の「真の同意」は無いと理解されるべきです（周囲のあるべき対応・対処としては、Dが自身を傷つけることを回避するよう、論すべきでしょう）。ところが、男子生徒FとGも「Eだけずるい、俺も性行為をさせてほしい」と、あたかもDの「個人の尊厳」は無いかのように、性衝動・性欲の対象・客体としてモノの如くの扱いしかしていません（私は、男子生徒EがDに対して「性行為をさせてほしい」と言い、Dは「いいよ」と応じたことについても、同様に考えています）。したがって、E、F、Gは、その置かれている環境から、性（暴力）に対する誤った考え方を学習していることが考えられます。何をもって被害者の同意があると考

えたのか。被害者と加害者の力関係、被害者が置かれていた環境、前後の事実経過、被害者の態度や言動、性格・能力などから一つひとつを読み解き、「心のズレ」「認知のズレ」を説明していくことが求められます。まさに、教育の分野でしか扱えない問題なのです。

いじめの問題にも通じるところがある

時として、被害者の「真の同意」があったかどうかの難しい判断を求められることがあります（本件では、刑事・民事の違法性を問うことは事実上難しいでしょう）。しかし、警察が犯罪事件として対応できないと判断したときには、その性暴力の被害はなかったことになってしまうのでしょうか？ 刑罰をもって処罰ができないのだとしても、被害者の「個の尊厳」が傷つけられていることに変わりはありません。性暴力の「被害」として対応をしてください。

この問題は、いじめの問題にも通じるところがあります。いじめ防止対策等推進法は、「この法律において『いじめ』とは、児童等に対して、当該児童等が在籍する学校に在籍している等当該児童等と一定の人的関係にある他の児童等が行う心理的又は物理的な影響を与える行為（インターネットを通じて行われるものを含む。）であって、当該行為の対象となった児童等が心身の苦痛を感じているものをいう。」（第2条）と定義しています。そのため、教育の分野では、被害者が嫌悪の感情を抱くことがあれば、性暴力は、いじめにもあたることになります。そして、平成29（2017）年3月に文部科学省で策定された「いじめの重大事態の調査に関するガイドライン」でも、「多くの生徒の前でズボンと下着を脱がされ裸にされた」「わいせつ画像や顔写真を加工した画像をインターネット上で拡散された」場合には、いじめの重大事態（第28条第1項第1号）に該当し得ることが明記されています。

そして、国のいじめの防止等のための基本的な方針では、「この際、いじめには、多様な態様があることに鑑み、法の対象となるいじめに該当するか否かを判断するに当たり、『心身の苦痛を感じて

いるもの』との要件が限定して解釈されないよう努めることが必要である。例えば、いじめられていても、本人がそれを否定する場合が多々あることを踏まえ、当該児童生徒の表情や様子をきめ細かく観察するなどして確認する必要がある。」と指摘していることは、大いに参考になるでしょう。その後、Dが1週間にわたって学校を欠席し、「死にたいと思っている」と心情を語っていることからすれば、D自身が尊厳を傷つけられ、苦しんでいる様子は明らかであろうと思います。私は、直ちにいじめ重大事態の認知・認定をするべき事象であると思います。

　ちなみに、2023年の刑法改正で、16歳未満の者については、性的行為に関する判断能力（同意能力）が否定されています（いわゆる「性交同意年齢」は、満16歳であると言われるゆえんです。したがって、本来ならば、刑法上もDの同意は法的に意味をなさないことになります）。ただ、Dは中学生（13歳以上）という設定ですので年齢差が5歳未満の者との関係では、当然に性犯罪になるというわけではなく、やはり同意の有無が刑法上、争点になります。

 SSWsv（黒田先生）

事案が生起する前の、保護者との関係性は

　学校における性被害事案の対応は、いじめ問題への考え方や取組と基本的には同じです。しかし、性の問題は学校が扱いにくいこと、事実確認が難しいこと、プライバシーへの配慮が不可欠なこと等、異なる性質もあります。このケースでは生徒間の性被害、性加害が生起した事実を把握した時点で、管理職が関係職員を招集し、緊急会議が実施されています。これは、いじめ防止対策推進法の第22条で定められているいじめ対策委員会に該当するでしょう。今後の対応を思案すると同時に、今後の再発防止に向けての検討も必要にな

ります。

　このケースに限らずですが、スクールソーシャルワーカーとして
は、Dの家族構成、家庭環境を把握し、それと照らしながら、ケー
スの概要について話を聞き進めたいと考えます。このケースの中
で、Dの保護者の帰宅が遅いために、親子がほとんど話をする機会
をもっていないという点から、まずDの家庭アセスメントを行いま
す。1年程前に、出会い系サイトで出会った成人男性と性行為を行
い、警察が介入した事象について、学校はどの程度把握していたの
でしょうか。この出来事について把握していたのであれば、Dの学
校生活、年上の男性との交際関係、家庭の状況を鑑みて、今回の事
象はある程度予想できたものであると考えます。また、この出来事
をDの保護者はどのように聞き、受け止め、娘であるDにどのよう
な反応を示したのでしょうか。ここから保護者、家庭のアセスメン
トをさらに深めていくことが可能になります。事案が生起するいか
んを問わず、平時から学校がDの保護者と情報共有や連携をどの程
度図れる関係かについても、確認しなければなりません。全ての
ケースに共通して言えることですが、事案が生起する前の学校と保
護者間、保護者と生徒間の関係性は、押さえておく必要があります。
なぜなら、平時がどうあるかによって、評価の仕方が変わるからで
す。平時と事案生起時、2項対立の視点をもつことが重要です。

　次に直近に生起した事実の確認です。ここでは、以前の成人男性
との事案との因果関係の有無を評価することも重要です。

Dの主張なのか、Dの保護者の主張なのか

　DはE、F、Gとの性行為については同意の上で行ったと言い、
E、F、Gも聞き取りの中で性行為の事実を認め、同意があったと
発言していますが、ここでは、保護者の発言に注目して述べること
にします。まずDの保護者に関してです。Dの保護者が「Dが死に
たいとまで言っている。E、F、Gが学校に来るとDが登校できな
いため転校してほしい、警察に被害届を出す」という発言の違和感

です。ここでのDの保護者の発言のポイントはDが今回の性行為が原因で「死にたいと言っている」のかどうかということ、また、「E、F、Gのせいで学校に行くことができないため転校させてほしいと思っている」のが、DなのかDの保護者なのかが明確でないことです。また、E、F、Gの保護者についても同様です。E、F、Gの保護者は、「性行為については、Dが同意しているから、犯罪ではない」と主張しており、Dの保護者との認識が異なります。この事案の当事者はあくまでDであり、Dの保護者ではありません。

　一連の流れは、当事者視点を欠いたものであり、学校が板挟みになってしまった要因と言えます。ここで重要なことは、最初の事案発生時にD、E、F、Gから聞き取った事実と、それぞれの保護者が認識している事柄にズレが生じている点です。まず生徒らの聞き取りから確認できた事実は、DもE、F、Gも性行為に関してはお互いに同意があり、4人の言い分が一致していることです。この行為自体は生徒指導事案であるので、それぞれに支援と指導が必要でしょう。さらに問題となるのはこの後のDの「死にたいと思っている」という発言が、今回の事案に直結しているか否かという点です。ここではDの「死にたいと思っている」という発言をどのように解釈するかが重要になります。Dの保護者は、DがE、F、Gから受けた被害と、このDの発言が直結していると思っていること、そして今回の事案が原因で登校できなくなっていると認識していると考えられます。その後のDへの支援を検討するためにも、この発言の背景にある要因が今回のE、F、Gとの性行為なのか、それとも以前の成人との性行為なのか、またはそれら以外であるのか、その部分は丁寧に確認する必要があります。先述の通り、当事者であるDに対して、今回、前回の性事案も含め、「なぜ、Dがその行為に至ったのか」という問いを立て、アセスメントを行うことが大前提になります。その上で、家庭環境や保護者との関係についても聞き取り、場合によってはスクールカウンセラーとの面接、医療や児童相談所も含めた外部関連機関との連携も視野に入れて、事案解決に向けて

具体的に動いていくことが必要でしょう。同時にDの保護者に対しても、子育てに対する考えや不安、家庭環境の状態について十分に話を聴き、学校としてサポートできることは何かを一緒に考えていく姿勢を示すことも重要であると考えます。

　他方、最終的に警察の「事件性なし」という判断も重要なポイントでしょう。これは警察が捜査をした結果に基づく評価、判断であるとみなすことができるからです。

▶【専門家によるプランニング】

①警察及びDを診察した諸機関と連携し、情報収集及び、D、E、F、Gそれぞれのアセスメントを丁寧に行い、Dへの支援、E、F、Gへの指導を行う。【主担当：生徒指導担当、学年主任、担任、養護教諭】

②Dへの継続的な心のケアを実施するため、女性SCとの面談を設定する。【主担当：担任、養護教諭】

③Dが信頼している小学校時の担任と連携し、D及びD保護者との信頼関係を構築する。【主担当：生徒指導担当、学年主任、担任】

④Dが欠席している間の学習支援計画を作成する。【主担当：学年主任、担任、教務主任】

⑤D及びD保護者の同意の上で、改めてE、F、G及び保護者に対して、Dの状況を可能な範囲で説明し、Dの傷つきについて理解を求め、さらに今後のDへの支援について協力を得る。【主担当：校長、教頭、生徒指導担当】

⑥Dが安心して登校できるよう、Dが登校する際の動線を確認した上で、E、F、Gと接触しないよう計画を立てる。【主担当：学年主任、担任、養護教諭】

⑦次回、●月●日（1カ月後）に会議を開催する。

（事案のその後は p.110に掲載）

ケース④困難な保護者対応事案

　小学校高学年のHは普段会話が少なく、周囲とコミュニケーションをとることが苦手で、集団生活を好まない子どもでした。また学習や運動はあまり得意ではなく、休み時間などは1人で過ごすことが多く、特にうさぎの飼育小屋の前でうさぎを見て過ごすことが多かったです。ときどき担任には、家で飼っている犬の話をして、そのときだけはとても楽しそうな顔で、積極的に話してくれました。

　ある日、Hの筆箱に入れてあった消しゴムに鉛筆で「しね」と書かれてあったと、H保護者から担任に電話連絡が入ります。その後、学校は、記名式のアンケート調査を行うことを決め、H保護者に伝えます。次の日、H保護者は担任に対して、「『しね』と書いた犯人が特定できない限り学校には行けない」と伝えます。その後、Hは連続して欠席しました。当該クラスで記名式アンケートを行いましたが、書いた者は特定できませんでした。管理職と担任はH保護者と面談し、記名式アンケートでは書いた者の特定はできなかったことを伝え、今後は個別の聞き取りを行うこと、道徳の授業等を通じてクラス全体の意識を高めていくことなどを伝えました。このときH保護者からは、「心療内科を受診しないといけないほどHは落ち込んでいる」「すぐに犯人を捜してほしい」と訴えがありました。またH保護者から、スクールカウンセラーによる保護者のカウンセリングの希望がありました。

　そのような中、ある日、突然、H保護者が来校し、警察に被害届を出すため、学校で預かっていた「しね」と書かれた消しゴムを取りに来て、警察へ向かいました。

　H保護者は器物破損での被害届を警察に出しに行きましたが、消しゴムに書かれた「しね」の文字は鉛筆で書かれており、消せば現状復帰できるので器物破損には当たらないと言われ、被害届を出せなかったと、H保護者から学校に連絡がありました。またH保護者からは、「弁護士にも相談しているが、相談した弁護士からは聞き取りまでが学校ができることでそれ以上はできない。ただし学校は登校に向けてのプランを考える必要がある」と言われたことを学校

に伝えました。

　その後、学校は当該クラスの児童から個別の聞き取りを行いましたが、誰が書いたか特定できませんでした。結果について、Ｈ保護者と共有するとともに、担任は毎日、電話連絡や家庭訪問を行いました。Ｈ保護者が市役所を訪れ、「学校が何もしてくれない」と相談しました。その夜、Ｈ保護者が来校し、「犯人がわからないと不安が払拭できず登校できない」と訴え、今度は無記名でのアンケート調査を強く要望しました。

　その後、管理職は、無記名アンケートをすることをＨ保護者に伝えます。対応に苦慮した校長から、この日はじめて教育委員会に第一報が入りました。なお、この時点で、校内のいじめ対策委員会は一度も行われていませんでした。

　次の日、無記名アンケート調査を実施しましたが、誰が書いたか特定できず、学校は親の要望に従い、２回目の個別の聞き取りを行うことを決めます。しかしその後の個別の聞き取りでも、誰が「しね」と書いたのか特定できませんでした。その結果を聞いたＨ保護者は、「筆跡鑑定をして、犯人を見つけてほしい」と訴えました。さらにＨ保護者は、欠席が継続している間の学習の遅れを心配していること、そのためＨを塾に通わせる旨を伝えました。

▶【専門家の見立て】

👤 指導主事（木田先生）

加害者が特定できない場合の対処は

　いじめ対応において、適切に調査を実施し、誰が加害者なのかを特定することは、その後の被害者の安心な生活や再発防止を行う上でとても重要です。したがって、学校がHやH保護者の不安な気持ちに寄り添い、アンケートや個別の聞き取りを行うことは必要だと考えます。それでも本事案のように加害者が特定できないことがあります。

　このとき、注意が必要なのは、加害者が特定できなかったとしても、学校はいじめ対策委員会を開催して、いじめの認定の可否や、今後の支援等について検討しなくてはならないことです。もちろん、加害者が特定できなくても、状況から判断していじめと認定することも可能です。

　本事案については、記名式アンケート → 個別の聞き取り → 無記名アンケート → 個別の聞き取り（2回目）と続き、さらには「筆跡鑑定をして、犯人を見つけてほしい」とH保護者から要望が出てきています。校長から教育委員会に第一報が入ったときは、「もうこれ以上対応できない。教員は疲弊している。今後対応しないことをH保護者に伝えようと思っているがよいか？」と相談がありました。

　これまでも、加害者が特定できないケースにおいて、被害側から「犯人を特定してほしい」との想いから、様々な要求が繰り返されることがありました。これらの対応については、当然ながら、警察のように捜査権をもたない学校が行うには限界があります。本事案においても校長先生がおっしゃっている通り限界にきていると考えられます。

保護者の強い不安を解消するには

　一方、H保護者の「何とか犯人を見つけてほしい」という強い気持ち、言い換えると大きな不安に目を向ける必要があります。担任から話を伺うと、Hは1年前に上履きが一時期なくなって、その後見つかったことがあったようです。またその前には、周囲の児童とトラブルになり、数日間、学校を欠席していたこともあったようです。そのようなことがあったので、進級の際のクラス編成の時期には、Hに対する配慮をお願いする連絡が入っていたようです。

　このようなHの経緯を踏まえると、H保護者は「もしかしたら学校でいじめられているのではないか」「先生は何か隠しているのではないか」と疑心暗鬼になっていることが想像できます。

　とすれば、ただ保護者の言う通りに従っているだけでは、保護者の不安を解消することはできません。保護者の希望も聞きながら、アンケート調査や聞き取り調査をする際に、どのような質問・形式で、誰が聞き取るのか、いつ実施するのか等、調査方法について丁寧に説明するとともに、もし結果が出てこなければ（犯人がわからない場合は）、これ以上の調査はできないが、学級でこのように指導していく、Hに対してはこのように支援する、再発防止策に向けては……など、をセットで説明することで、HやH保護者が見通しをもつことができ安心につながります。

👤 公認心理師／臨床心理士（片山先生）

様々な疑問が浮かんでくる

　「しね」と書かれた消しゴムから事案化したケースのようですが、Hの筆箱に入れてあった消しゴムだとすると、Hが保護者に訴えて発覚したのでしょうか？　それとも、保護者がHの筆箱の中の消し

ゴムを見つけたのでしょうか？ もし、前者だとすると、Hは、学校で嫌なことがあったときには、こうしていつも保護者に相談していたのでしょうか？ それを聞いた保護者から学校に相談されることがあったでしょうか？ それに対して、学校はどのように対応されていたでしょうか？ もし、後者だとすると、たまたま筆箱の蓋が開いていたので見つけられたのでしょうか？ それとも、Hの様子がいつもと違って暗かったのが気になってHに尋ねたのでしょうか？ あるいは、小学校高学年のHの筆箱の中をいつもきれいに整えてあげることが習慣になっていたのでしょうか？ 等、様々な疑問が浮かんできます。

　というのは、「『しね』と書いた犯人が特定できない限り学校には行けない」と我が子を守ろうとする保護者の態度が極端で、Hの気持ちやH自身が嫌なことを乗り越えるためにどうしたらよいか？ という相談がすっ飛ばされているように感じるからです。さらに、心療内科への受診や警察への被害届、弁護士や市役所への相談等、一気に保護者の不安が増大していき、犯人探しに終始していく保護者の訴えに畳みかけられた学校が、どんどん主体的に動きづらくなっていっているように感じます。

　そこで、まず、Hがどんな児童なのかということについて、共有したいと思います。高学年の男子児童であるなら、第二次性徴等を含めた思春期の成長発達の渦中にいると考えられますが、Hの場合はどのくらいの過程にいるのか？ 集団生活では、周囲とコミュニケーションをとることは苦手だが、家庭では思春期らしい反抗的態度を見せているのか？ それとも従順で依存的だろうか？ 学習や運動はあまり得意ではないようだが、学習面の得手不得手はあるだろうか？ 全体的なレベルや苦手な科目はどこでつまずきやすいだろうか？ 得意な科目は、クラスの中でも力を十分に発揮できているだろうか？ 休み時間は1人で過ごすことが多いようだが、入学当初からを振り返って気の合う友人はいなかっただろうか？ 放課後に連絡を取り合って、一緒に遊ぶ仲間はいないだろうか？ 飼育小

屋のうさぎを見て過ごすことに加えてうさぎの世話もしたがるだろうか？　家で飼っている犬の種類や名前は自分から話してくれただろうか？　積極的に話す犬のエピソードはどんな話で、そこには家族も加わっていただろうか？　これらを学校の先生方と話し合っていく中で、学校がHとつながることができるツールを見つけていくことが目的です。

　たとえば、Hがよく見ていた飼育小屋のうさぎの写真を撮ってその様子を書いたメッセージカードを作ってみたり、Hに飼っている犬の話を聞かせてもらえるように工夫してみるのもよいかもしれません。Hに気の合う友人がいて、一緒にゲームを楽しめていたら、同様の話題をもちかけてみて、攻略法を教えてほしいとお願いしてみてもよいでしょう。得意な科目がわかって、Hの気持ちが勉強に向かえているようであれば、難易度を上げた問題に一緒にチャレンジしてHがそれを楽しめるかに注意しながら自信につなげてあげることが大切でしょう。もし、思春期らしい反発や主張をもっているようであれば、それをしっかり聴いて受け止めてあげることが、Hの強さにつながるのではないかと思われます。

保護者の訴えの背景を聴き取り、受け止める

　もし、私が、Hの通う校内のスクールカウンセラーで、保護者からの希望によるカウンセリングを引き受けさせていただけたら、保護者の性急な訴えの背景にある大きな不安が、今、生じているものなのか、それとも小学校入学後、あるいは、就学前の生育環境の中で蓄積されてきたものなのかについて、丁寧に聴き取り、受け止めていきたいと思います。一見、学校を攻撃しているように見受けられる保護者ですが、「しね」という非常に暴力的なメッセージを突きつけられて、保護者自身が相当、傷ついている可能性が高く、抱えきれぬ憤りが噴出しているのだろうと予想されます。また、これまでも同様の傷つきが重ねられていたとしたら、いくら訴えても改善しない環境への不満が強い場合もあり、解決への糸口について

は、スクールカウンセラーを通して学校と一緒に探していけるよう
な関係づくりに貢献したいと思うからです。特に、保護者が学習の
遅れを気にされているとしたら、Hのペースやレベルに合わせた学
習について見直し、中学校進学に向けて継続的に話し合っていきた
いと思います。

👤 弁護士（笠原先生）

学校はどこまで対応しなければならないのか

　これも、教育現場ではよく遭遇する問題ですよね。自作自演が疑
われる場合も含めて、学校が対応に苦慮する1つの事象です。では、
学校はどこまで対応しなければならないのか、という問いに対し、
⑴事実の調査義務の有無と範囲・方法、⑵説明義務の有無と範囲・
方法、という2点に分けて考えられます。

　まず、⑴についてですが、東京地方裁判所令和3年12月27日判決
は、「学校の教職員は、学校における教育活動によって生ずるおそ
れのある危険から児童・生徒を保護すべき義務を負っており（最高
裁昭和62年2月13日第二小法廷判決・民集41巻1号95頁参照）、そ
の一環として、児童に対するいじめ等の加害行為の存在が疑われる
状況を認識した場合には、その早期の発見や再発防止等のために、
必要かつ相当な調査や指導監督等の措置を講ずる義務を負うものと
解される。」としています。したがって、調査義務はある、という
結論になります（ちなみに、民間会社のパワハラ裁判では、従業員
からパワハラの主訴があっても、調査を実施しなかった民間会社の
調査義務違反を認めた裁判例がありますので、相当な調査を尽くさ
なかった場合には、公立学校の調査義務違反が問われることはあり
得るでしょう）。

　ただ、上記判例は、その調査の範囲・方法については、「もっと

も、いじめ等の内容や加害者及び被害者の性格、状況、心情等は様々であるから、個々の場面において具体的にいかなる措置を講ずべきかは一義的に定まるものではなく、基本的には教育の専門家である各教員の教育的見地を踏まえた合理的な裁量に委ねられるというべきであり、その裁量の範囲を逸脱あるいは濫用し、明らかに不十分・不合理な対応であると認められる場合に限り、国家賠償法1条1項の適用上違法となるものと解するのが相当である。」と判示し、基本的には広い教育裁量にゆだねています。したがって、H保護者の「筆跡鑑定をして、犯人を見つけてほしい」との要望・要求を拒否しても、公立学校の違法性が認められることはないでしょう（では、無記名アンケートと個別面談（2回目）を拒否したときにはどうか、非常に判断に悩むところです。個別の事情に拠るでしょうが、調査義務の違法性が問われる可能性もあると考えます。この場合には、本当にスクール・ロイヤーや顧問弁護士に相談が必要となるでしょう）。

　次に、(2)についてですが、ここで、誤ってアンケート用紙が破棄されてしまったことの違法性が問われた裁判例を紹介します。熊本地方裁判所令和2年1月27日判決は、「学校を設置する者や学校において教育活動に従事する者は、教育活動及びこれと密接不離の関係にある生活関係において、生徒の生命又は身体の安全に関わる重大な事実が生じたときは、信義則上、生徒又は保護者に対して、当該事実について説明すべき義務を負っていると解される。」と判示しています。

　ただ、札幌高等裁判所令和2年11月13日判決は、「本件自殺に対する調査として、本件生徒に関係する教職員への聴き取りのほか、局員アンケート及び全校アンケートが実施され、さらに回答内容に応じて個別の生徒等に対する聴き取り調査も行われており、これらの調査を踏まえた本件自殺に係る本件高校の調査結果等については、教頭が平成25年3月24日に控訴人宅を訪問した際に…（略）…説明されている。また、控訴人は、同年4月以降も、本件高校に対

82

し、3月2日指導に至る経緯等の様々な疑問点について説明を求めていたところ、これに対して本件高校は、その都度、相当と判断する範囲で説明を行うなどの対応を行い、同年11月26日には、控訴人及び姉が疑問点を顧問に質問する場も設定しており、控訴人の代理人に就任した弁護士らからの意見交換の申入れにも、顧問との面談を除き応じていたものである。」と認定した上、「このように本件自殺についてアンケートの実施も含めた関係者に対する調査が実施されており、その結果が控訴人に対して繰り返し説明されていることや、個別の事案において具体的にどのような内容の調査をどの程度行うかについては本件高校に相当程度の裁量があり、その報告に当たっては他の生徒らのプライバシー等にも配慮が必要になると言わざるを得ないことに鑑みると、…（略）…調査報告義務に違反したと認めることはできない。」と判示しています。

対策委員会の開催がないのは問題

　以上は、裁判所に提訴されたときの判断枠組みですが、これらの裁判例や法理論を盾にして、教育現場で、H保護者の要望・要求を拒否すべきなのかどうかは別の問題です。その意味では、本件の学校が、無記名アンケート調査と個別面談（2回目）以降に悩んで教育委員会に相談して専門家チームの派遣につながったのは、正当です（ただ、「紛争解決・調整」の視点から言えば、ちょっと遅いですね）。もっとも、この間、一度もいじめ対策委員会が開催されていないことは、大きな問題です。

　次頁の図にあるように、国のいじめの防止等のための基本的な方針では、組織対応ができていないことは法律違反であることを明記しています。

法第22条の学校のいじめ防止等の対策のための組織・いじめの情報共有

（いじめに対する措置）
第二十三条　学校の教職員、地方公共団体の職員その他の児童等からの相談に応じる者及び児童等の保護者は、児童等からいじめに係る相談を受けた場合において、いじめの事実があると思われるときは、いじめを受けたと思われる児童等が在籍する学校への通報その他の適切な措置をとるものとする。
（以下、省略）。

【「いじめの防止等のための基本的な方針」の改定について】

学校の教職員がいじめを発見し、又は相談を受けた場合には、速やかに法第22条の学校のいじめ防止等の対策のための組織に対し、当該いじめに係る情報を報告し、学校の組織的な対応につなげなければならない。すなわち、学校の特定の教職員が、いじめに係る情報を抱え込み、法第22条の学校のいじめ防止等の対策のための組織に報告を行わないことは、同項の規定に違反する。

→法第22条の学校のいじめ防止等の対策のための組織は、いじめの防止等の中核となる組織として、的確にいじめの疑いに関する情報が共有でき、共有された情報を基に、組織的に対応できるような体制とすることが必要である。特に、事実関係の把握、いじめであるか否かの判断は組織的に行うことが必要であり、当該組織が、情報の収集と記録、共有を行う役割を担うため、教員らは、些細な兆候や懸念、児童生徒からの訴えを、抱え込まずに、又は対応不要であると個人で判断せずに、直ちに全て当該組織に報告・相談する。加えて、当該組織に集められた情報は、個別の児童生徒ごとに記録し、複数の教職員が個別に認知した情報の集約と共有化を図る。

　困難な保護者の対応の大まかなポイントは、以下の図式を参照ください。具体的な内容は、片山先生と黒田先生にゆだねます（笑）

総　　論：困難な保護者対応・支援のポイント

2．保護者対応において大切なポイント

■保護者アセスメントが出発点

いたずらに構えた対応にならない。保護者の表面的・感情的な言動によって精神的に振り回されず、対処療法的思考・対応に陥らない。困難さの真の理由のアセスメント（見立て）が全ての出発点。

■学校のこれまでの対応の問題点等についての課題の整理

3つの視点（①子どもの最善の利益、成長発達の保障、②スクール・ソーシャルワークの視点（背景事情・原因の読み解き、つながることの大切さ）、③法的視点（落とし処に落ちるプロセスは？要求に対して「Ｎｏ」と言ったら？こじれた場合のケースの終わり方にはどんなパターンがあるのか、紛争の拡大やエスカレートをいたずらに恐れない、「過去の責任追及」「犯人捜し」から「子どもの支援へ」）。

■合理的な限界設定

要求について、対応が無理な要求か、合理的な要求であるかを判断し、要求に対する回答を決める。その考慮要素として、(ア)問題解決につながるかどうか、(イ)児童生徒・保護者とつながるかどうか（見捨てられ不安の防止、不信感や不安感を強めない。）、(ウ)子どもの最善の利益、成長発達の保障につながるかどうか、(エ)学校体制（人員や時間などの労務管理、施設、設備など）・学校制度（校則、通達・通知など）を総合的に捉える。
→早期に「無理であること」（見通し）を、丁寧に理由を説明して、きちんと回答する。

■抱え込まないで、チーム対応の不可欠さ。

・アセスメントに情報の共有が不可欠、・孤立と孤立からくる教育的対応の萎縮・不安定をなくす
・役割分担により良い効果が出やすい

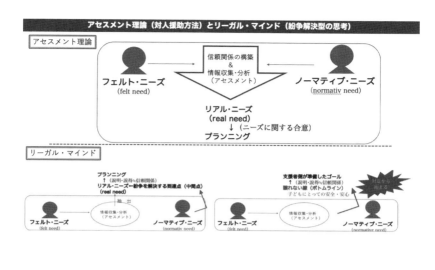

 SSWsv（黒田先生）

Hの行動面から見えてくるもの

　保護者の対応に苦慮しているケースですが、生起していることは疑いを含めていじめです。この事案において大切なことは、まず誰が、どのような事実の当事者であるかを押さえることです。

　保護者との関係がこじれた状況で、学校が対応を迫られる場合、目先のことに捉われやすくなります。こういうときこそ、冷静な判断が求められます。

　スクールソーシャルワーカーの活動において、保護者対応に関わるケースの相談が増えていることも実感しています。困難な保護者対応は、学校現場の対応のしにくさの上位を占めていると言えるでしょう。

　まず、Hとその対応にフォーカスします。Hは学校生活で見られる行動面から、１人でいることを好み、内向的な部分があります。ですが、自分の関心があることには積極的に行動できる児童である

ことが伺えます。このことと、うさぎや犬に関心をもつということは、何を意味しているでしょうか。うさぎや犬は言葉の通じない相手であり、そのような動物を眺めて過ごすことや、犬の話をするときの楽しそうな様子を鑑みるに、その行動は周囲の人に自分自身のことを理解してもらえないというHからの無言のメッセージの表れのようにも感じます。ある日、消しゴムに「しね」と書かれていたことは、Hにとってとてもショックなことだったでしょう。またこの話を聞いた保護者の心情も、計り知れません。

　この事案で、最初にすべきことはいじめ対策委員会を開くことです。学校として事実を正確に認識することは、この事案にかかわらず大切なことです。それを踏まえ、当事者であるHに対しての具体的対応を考えていくことが必要です。心理的なケアも含めて、この時点でスクールカウンセラーと連携を図り、対応を図っていくことが必要になるでしょう。また、Hの不安要素を確認し、何かあればすぐに相談できる窓口を設けるなど、安心感を得れるような配慮も重要と考えます。

　学校が記名式アンケート、無記名式アンケート、当該クラスの児童に対しての聞き取りの前提は、いじめ防止対策推進法の第23条にある、調査の1つになります。学校としてできる対応を図り、事実の確認作業が行われたことがわかります。しかし、アンケートや聞き取りを実施したものの、Hの消しゴムに「しね」と書いた児童は特定できなかったという調査結果に至ったということでしょう。

当事者は保護者ではなくHである

　次に、本題のHの保護者への対応です。先に実施したアンケートの結果に、保護者は納得がいかないため、「犯人を捜してほしい」「警察に被害届」「弁護士に相談している」などの行動につながっていると推察します。その上で、保護者自身が納得できる結果が出ないことに対して「学校が何もしてくれない」という発言になっていると考えられます。「犯人がわからないと登校できない」という状

況も、最近では珍しい話ではありません。さらには筆跡鑑定まで訴えてくる状況となっています。

　ここまでのHの保護者の行動と学校に対する訴えは、一見Hのために行っている行動として捉えることができますが、H自身がどう考え、どう感じているのかが不明瞭です。もしかするとHの気持ちが置き去りになっているのではないかと、心配になります。少なからず、Hには対人的な関わりに苦手さがあることは、日常の学校生活から推測することはできますが、決して自分の考えや気持ちを表現できない児童ではないはずです。自分の関心ごとには積極的に発言できる部分があるからです。

　学校が保護者の発言にある「警察」「弁護士」という言葉に強く動揺し、保護者への対応が先行し、Hのニーズや思い、考えを把握する動きが十分でないように思われます。前述した通り、「当事者は誰か？」という本質を見失っている状況であるとも考えられます。言うまでもなく、当事者はHであり、我々はHの最善の利益を保障するために、支援をしているのです。Hが学校に安心して登校できるようになるために必要なことは、犯人が見つかることではなく、今回の事案に対して学校が丁寧にHに対応し、そこに対してHやH保護者が信頼感や安心感を得ることです。その結果が再登校につながると考えます。

　保護者の訴えは、「犯人を特定しろ、見つけろ」という1点に集約されています。学校は2回のアンケート、さらには聞き取りを行っているわけですが、保護者はそれに対して「学校は何もしてくれない」と訴えています。この「何もしてくれない」という発言は犯人を見つけてくれるまでは、学校が何をしようと何もしていないということと同義として、保護者は考えていると捉えることができます。しかしこの考えに沿って、学校が対応することは現実的ではありません。Hが今回の事案で感じた葛藤や悩み、怖さがあるように、保護者にも今回の事案で感じたことがあるはずです。

　保護者の訴えに応じることも大事ですが、学校が可能な対応の範

疇を超えた場合、なぜ保護者がそこまでの要求をしてくるのか、その保護者の背後にある理由を鑑みる必要があります。つまり保護者の訴えを聴くだけでなく、保護者がなぜそこまでの訴えをするのか、その理由を十分に汲み取り、学校ができる対応の限界値と擦り合わせを丁寧に行う必要があります。

　対応をしながら、それぞれを分けて確認し、理解を進め、アセスメントに基づいた対応を図っていくことが大切でしょう。対応に迷ったとき、方向性を見失ったときに押さえておくべきことは、支援の目的に立ち返ることです。それは子どもにとって良いことは何かを考えることです。その部分に対する視点をおろそかにすることなく、「誰のために、何をするのか」という目的意識を大切にしなくてはなりません。

　教職員が、日々の多忙な業務を遂行する上で、難しいケース対応を誠実に進めていくためには、教職員のモチベーションを保つことも重要です。しかしながら、このケースのような難しい状況に陥った学校組織を、学校内部の教職員だけで変容させていくことは非常に難しいでしょう。その場合は、客観的な立場である専門職と一緒にケースを俯瞰し、全体を見直すことも効果的です。これまでになかった視点や視座、また気づきが得られるかもしれません。間接的な関わりであったとしても、学校チームを支える専門職の存在意義は大きいと考えます。

▶【専門家によるプランニング】

①学校がこれまで行ってきた調査内容及び結果等について丁寧に説明し、これ以上の調査はできない旨を伝えると同時に、Hへの支援、再発防止策等について提示する。【主担当：校長、学年主任】

②Hと信頼関係にある担任が中心となって、Hの心のケア及び学習支援を進める。まずは、Hが好きな犬のカードを使ったメッセージのやり取りを行う。その後、Hの居場所の１つである、学校のうさぎの飼育小屋までの登校につなげる。【主担当：担任、特別支援コーディネーター】

③Hの学習支援について、Hが比較的得意な算数に焦点を当てて支援を行う。その中で、算数を通じてHの理解の状況等を見える化し、H保護者に対して、Hに必要な特別支援の視点を説明する。【主担当：特別支援コーディネーター、担任、生徒指導担当】

④以上の計画を、H保護者が面談しているSCとも共有し、H保護者との信頼関係を構築する。【主担当：生徒指導担当、担任、特別支援コーディネーター】

⑤中期的な支援として、特別支援コーディネーターや特別支援の専門家等と連携し、Hの発達検査及び特別支援教室の活用につなげていく。【主担当：特別支援コーディネーター、生徒指導担当】

⑥次回、●月●日（１カ月後）に会議を開催する。

（事案のその後は p.111 に掲載）

ケース⑤いじめの重大事態

　小学校中学年Ｉ、Ｊ、Ｋは学校で普段から遊ぶグループであり、これまで仲間外れや陰口などのトラブルが複数回あり、その都度、担任を含めて話し合ってきました。２学期のはじめにも、グループの間で、にらんだり、にらまれたり、無視したというトラブルがあり、担任から保護者に連絡しています。またＩ保護者から連絡帳や電話で、「Ｉがまた仲間外れにされている」という旨の連絡も複数回、担任に伝えられています。

　その後、Ｉ保護者が担任に対して、「Ｊが、ＫをＩのほうへ行かないように嫌がらせをしている」と伝えました。このとき、この件について初めて校内対策委員会が開かれ、Ｉ、Ｊ、Ｋへの聞き取り調査をすることにしました。聞き取った結果、数日前の休みの日に、ＪとＫが公園で遊んでいたことがあり、そのことを後日、Ｉは他の友人から「休みの日にＪ、Ｋが公園で遊んでいた」という情報を聞いて、「自分だけ仲間外れにされた」と感じていたことがわかりました。その後、Ｉは遅刻、欠席が増え始め、２学期終了間際には連続して欠席しました。

　Ｉ保護者は担任との電話で、「これはいじめである。Ｊ、Ｋの保護者に対して今回の件を担任から連絡してほしい。管理職はこのことを知っていますか」との話がありました。その後、担任は、Ｊ、Ｋの保護者に対して、ＩがＪ、Ｋとのトラブルにより、欠席している旨を伝えました。校内対策委員会では、担任から情報が共有されますが、Ｊ、Ｋはただ一緒に遊んだだけなので、いじめとは認定せずに、対応は担任に一任されることになりました。

　年が明けるとＩは自分の気持ちを書いた手紙を校長先生に渡しました。その手紙には「本当は学校に行きたいと思っています。でも学校に行くとまた仲間外れにされそうです。Ｊ、Ｋと話すのが怖いです」などが書かれていました。

　Ｉ保護者からは「２学期のはじめから仲間外れにされていた。なぜこれほどの長きにわたっていじめが続いているのか」「表面的な話し合いならばする必要がない。今の状態では学校へ行かせられな

い」と話がありました。この日、この件について初めて、校長から教育委員会に第一報が入りました。

　その後、学校からJ、Kの保護者に経緯を説明し、了解を得た上で、子ども同士の謝罪をすることにしました。そして子ども同士の話し合いが予定されている日の前日に、再度、Iは「話し合いをしてさらに関係が悪くなったらどうしよう」などが書かれた手紙を担任に渡しました。これに対して担任は、話し合いは短い時間で行うことなどをIに伝えました。そして謝罪会の当日、Iは保護者とともに登校し、I、J、Kで話をする場を設け、J、KがIに謝罪し、Iも自分がよくなかった行動を謝罪しました。その中で、J、Kは、自分たちもこれまでIから悪口を言われて嫌だったことなどをIに話しました。

　次の日、Iは欠席し、I保護者から電話があり、「Iは2人が一緒にいるのを見るのがつらいと言っている。昨日は家に帰ってから1時間以上泣き止まなかった。J、Kの言葉や態度から誠意が感じられない」などを担任に話し、後日、I保護者から校長に対して要望書が届き、「いじめの重大事態調査をしてほしい」と書かれてありました。

指導主事（木田先生）

「いじめ」は意図性を問わない

　ケース①でもお伝えしましたが、いじめの重大事態は突然に発生するものではなく、ほとんどのケースは「徐々に」深刻化が進みます。本事案については、ⅠやⅠ保護者から、Ｊ、Ｋとの関係についての悩みや不安が複数回伝えられるなど、深刻化のサインが発せられています。そしていじめ防止対策推進法では、担任が１人で抱えることなく、組織で対応することを必須としていますが、本事案では基本的に担任に一任されており、このことも事態の深刻化に大きく影響していると考えられます。

　そして、いじめ認知の問題です。文部科学省「令和４年度 児童生徒の問題行動・不登校等生徒指導上の諸課題に関する調査」において、いじめの重大事態の発生件数は923件（前年度706件）で過去最多となり、うち357件（38.7％）は、重大事態として把握する以前にはいじめとして認知できていませんでした。ご承知の通り、いじめ防止対策推進法でのいじめの定義は広範なものですが、本事案についても、Ⅰ保護者がいじめだと訴える中、学校はいじめと認知せずに、最終的にⅠ保護者からの訴えもあり重大事態調査が行われることになりました。

　特にこれまで関わってきた中で、学校が「これはいじめではない」と判断を誤ってしまったケースに多かったのは、「意図性」に関わるケースでした。つまり、加害側の子どもが「いじめ（嫌がらせ）をしようという意思があったのかどうか」という意図性の有無によりいじめ認定の判断をしてしまっているケースです。

　いじめ防止対策推進法で示されているいじめの定義は、「…（省略）…当該児童生徒と一定の人間関係のある他の児童生徒が行う心

理的又は物理的な影響を与える行為…（省略）…」（下線は筆者による）と示されており、それ以前の調査基準は、「…（省略）…当該児童生徒と一定の人間関係のある者から、心理的、物理的な攻撃を受けたことにより…（省略）…」となっていました。ポイントは下線の部分で、以前は「攻撃」となっていたものが、現在は「影響」と変化しています。この変化は、以前は攻撃、すなわち特定の者を傷つけようとする意図がある行為をいじめとしていましたが、現在はそのような意図は問わないということです。現在の法律では、自分は相手を傷つけようという意図は全くなかった行動であっても、その行動によって、他の児童生徒が心身の苦痛を感じればいじめとして認知します。つまり、意図性を問わないということです。

　本事案も、この「意図性」に対する理解が不十分だったために学校は「いじめではない」と考えてしまいました。J、Kからの聞き取りでは、休みの日の前日の放課後に、たまたま下足室で出会ったJ、Kが次の日の遊ぶ約束をしたようです。このとき、Iが近くにいなかったのでIを誘うことができなかったということでした。

　これまで学校の先生方に研修会を実施して、本事案を「いじめに当たると思いますか？」とクイズにすると、ほとんどの先生は「いじめではない」と回答しています。そして筆者が「いじめに該当します」とお伝えすると、「えー⁉」と驚く先生が多いです。読者の皆さまはいかがでしょうか？　本事案のように、いわゆるコミュニケーション系のいじめで、さらに加害側に攻撃の意図が無いと見られるケースは、いじめの判断が難しくなります。

　たとえば、大人の場面で考えてみますと（いじめ防止対策推進法では大人は対象外なのですが）、仕事が終わった後に、たまたまその場にいた、笠原さん、黒田さん、片山さんで「飲みに行こう」と話になって、難波に飲みに行くとします。次の日に、笠原さん、黒田さん、片山さんが「昨日のお酒美味しかったよね～」と話しているのを、一緒に行かなかった木田くんが聞いて、「除け者にされた」と苦痛を感じたとすると、いじめに該当します。このようなケース

をいじめと認知することが、日本のいじめ防止対策推進法の特徴だとも言えます。

　いじめ防止対策推進法は、叩く、蹴る、といった暴力系のいじめではなく、周りからは見えづらいコミュニケーション系のいじめが多いという日本のいじめの特徴を踏まえ、加害側の行為や意図で判断するのではなく、あくまで被害側の苦痛（主観）で判断し、早期に介入し、積極的に対応することで深刻化や重大化を防ぐ、リスクマネジメントの考え方に基づきます。

　とは言っても、本事案のように３人グループのうち、ときに２人で遊ぶことは当然ありえますし、単にJ、Kで遊びたいときもあります。Iの心情からいじめと認知したとしても、J、Kに対する指導が難しい場面です。このようなケースの場合、国の基本方針において、実際に子どもに指導する場面では「いじめ」という言葉を使用しないで指導することもある、と示されています。I、J、Kのそれぞれの想いをしっかりと受け止める大人の存在が重要です。

👤 公認心理師／臨床心理士（片山先生）

子どもたちはそれぞれ、話し合いをどう受け取ったか

　グループ内のトラブルをその都度、担任の先生を含めて話し合ってきたようですが、I、J、Kはそれぞれ、その話し合いをどのように捉えていたでしょうか？　Iとその保護者、担任の先生とIの保護者はトラブルがある度に連絡を取り合っていたようですが、これらの過程の中で、I、J、Kの成長は見られたでしょうか？　自分たちでトラブルを未然に防ぐ配慮をし合ったり、不満や要望を伝え合ったりして、関係性が改善する方向に向かったでしょうか？　うまくいかない関係性から距離を置いて、気の合う仲間を他で見つけるという提案をしてみると、I、J、Kはそれぞれどのように受

け取り、行動すると予想されるでしょうか？　Ⅰの「自分だけ仲間外れにされた」という疎外感の強さが、学校を連続欠席せざるをえなくなるほどの苦痛を伴うものであると知った保護者が、「なぜ、これほどの長きにわたっていじめが続いているのか」と心配を強めるのは当然であるように思われます。

Ⅰはどのようにしたいのか

　Ⅰは、「本当は学校に行きたいと思っています。でも、学校に行くとまた仲間外れにされそうです。Ｊ、Ｋと話すのが怖いです」と自分の気持ちを綴っています。ここから読み取れるのは、学校に行きたいと思っていること、けれども行くと仲間外れにされるので怖いという表面上の葛藤の裏側には、自分が集団から受け入れられない不安の強さ、言い換えれば、自分が集団に受け入れられたい依存の強さではないかと思われ、安心感が希薄になっていることが心配されます。あるいは、自分が拒絶される場合もあれば、自分が相手を拒絶する場合もあるという互いの意思が折り合わない場合の距離の置き方等、大人でも四苦八苦する人間関係の大変難しい局面を真正面から受け止め、どうしてよいかわからず困っているようにも感じられます。このとき、周囲の大人がⅠに対して、できることは何でしょうか？

　Ⅰは、学校に行くとＪ、Ｋと話すのが怖いと感じているようですが、Ｊ、Ｋと今、話したいと思っているのでしょうか？　どんな話をしたいと思っているのでしょうか？　Ｊ、Ｋとは話さずに、他の友人と話すという選択肢はないでしょうか？　Ⅰが、怖いと感じるのは、自分だけが仲間外れにされるという疎外感なのではないかと思われますが、実際にはどんな態度や言葉で辛さや寂しさを感じるのでしょうか？　もしかしたら、Ｊ、Ｋの話の輪にうまく入れないと感じたり、自分の話を聞いてもらえずに無視されたと感じるのかもしれません。あるいは、今度もまた、輪に入れてもらえないんじゃないかという不安がわいてきて心配しすぎている場合もあるで

しょう。さらに、本来は集団が苦手で1対1の二者関係が落ち着くのに、集団に馴染まなくてはいけない、集団から好かれないと輪に入れないと無理をしすぎている可能性もあります。このようなことをIとじっくり話し合う機会を積み重ねた上で、Iがどのようにしたいと感じているのかという自分の気持ちをI自身がしっかりとつかむことが大切です。というのも、自分がまるごと受け入れられるという受身的で絶対的な安心感から相手を拠り所とするだけでなく、自らの主体性を発揮することが自信となり、安心感をより高めることにつながると思われるからです。

　もし、Iが自分の気持ちをはっきりつかまないままに、J、Kとの謝罪会に臨むことになり、その前日に「話し合いをして、さらに関係が悪くなったらどうしよう」という不安を漏らしていたとしたら、謝罪会の日程を延期してでも、Iの不安に耳を傾けることが必要だったのではないかと考えられます。謝罪会の後、Iのこころの中の疎外感に変化が見られないのは、関係が良くなることを前提に謝罪したものの、I自身の主体的な安心感が保証されることがなかったからではないかと推測されるからです。

　先述したように、人間関係のトラブルは大人になっても逃れることができない大きなストレス因です。この事案において、J、Kの気持ちに耳を傾けると、さらに複雑な関係性が表面化してくることだろうと予測されます。しかし、周囲の大人がそれぞれの想いを否定することなく受け止め、相手の立場に立って物事を考えることや相互に尊重し合うためのヒントを示唆することは、それぞれの子どもたちが立ち止まって、自他の気持ちを感じ、自分はどうしたいのかを考え、責任をもって行動することができる主体性を育むことにつながっていく重要な鍵となると思われます。

弁護士（笠原先生）

現代のいじめ対応に求められるのは「責任追及」ではない

　木田先生が言われる「意図性」の問題を、「違法性」の観点から説明すると下図のようになります。

いじめ防止対策推進法における「いじめ」の理解

 狭

【京都地方裁判所令和元年】
加害生徒らの特定の行為が、被害生徒にとって不快なものであったことが認められるとしても、そのことから直ちに、不法行為として損害賠償責任を生じさせるということはできない…中学校及び高等学校における生徒間の行為については、特定の生徒に不愉快な思いを惹起させた行為の具体的な性質、それがされた前後の具体的な状況などを総合的に勘案したうえで、例えば、**多数の生徒により、長期にわたって執拗に繰り返され、被害生徒の心身に耐え難い精神的苦痛を与え、被害生徒の人格的利益を侵害したと評価される行為など、社会通念上是認される限度を超えるもの**については、不法行為として違法といえ、損害賠償請求権が生じるといえる。

範囲の広狭

 **広**

【H18年度以前の「いじめ」の定義】
①自分よりも弱いものに対して一方的に、
②身体的・心理的な攻撃を継続的に加え
③相手が深刻な苦痛を感じているもの

【いじめ防止対策推進法の「いじめ」の定義】
児童等に対して、当該児童等が在籍する学校に在籍している等当該児童等と一定の人的関係にある他の児童等が行う心理的又は物理的な影響を与える行為（インターネットを通じて行われるものを含む。）であって、当該行為の対象となった児童等が心身の苦痛を感じているものをいう。

 大 ← ← ← 違法性 → → → **小**

あくまでも私見にはなりますが、いじめの定義の変遷を読んでみますと、従前の教育現場におけるいじめの問題は、違法性が認められる人格侵害（社会通念上、許容される範囲を超えるもの）として捉えられ、これを未然防止・再発防止しようとしていたように思われます。

　しかし、木田先生も指摘されるように、違法性のあるいじめは、突然に生起するのではなく、現在のいじめ防止対策推進法が定義するいじめから発展・展開していくものであるとの理解のもと（いじめの連続性（スペクトラム））、いじめを未然防止するためには、もっと早い段階での確実かつ的確な対応・処置を求めることが適切だと理解されるようになりました。これは、『生徒指導提要（改訂版）』が示した「生徒指導の構造」としての2軸3類4層構造とも方向性を同じくします。

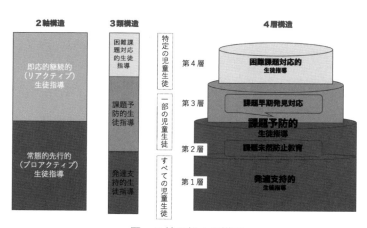

図　2軸3類4層構造

　人間が発達していく過程には、発達の順序性があります。首の座らない赤ちゃんには、どんな訓練をしても寝返りは打てないのと同じように、また、算数の勉強で前の学習段階でつまずきがあれば次の段階は理解できないのと同じようなものです。現代社会のいじめは、思いやり案件（コンパッション）であって、民事・刑事の責任

追及ではありません。

　互いに相手の立場になってものを考えることができる、共感的な感情を育てる必要があります。その大前提は、基本的な信頼関係であって、本来は、幼児期に獲得されるべきものです。人から信じてもらえる感性が育つから、人を信じる力が育まれるのです。そこには、順番があるのです。発達支持的・課題未然防止教育的・課題早期発見的な視点をもつことが、現代社会の教育に求められているのではないでしょうか。

 SSWsv（黒田先生）

認識の相違が各所で起こっている

　まず、本事案において、ケースが重大化した要因は、認識の相違が各所で起こっていることにあると考えます。事案は3人組の人間関係が、2対1の構造になり、そのことが対人関係におけるトラブルを招き、いじめの状態になっているものです。Ｉは友人から「休みの日にＪ、Ｋが公園で遊んでいた」という話を聞き、自身が気にかけていた「ＪとＫから仲間外れにされていること」がより現実のものとなり、大きなショックを受けたのでしょう。これをきっかけに、Ｉは遅刻や欠席が増えたと考えられます。

　Ｉの保護者は、担任に「これはいじめである。Ｊ、Ｋの保護者に対して今回の件を連絡してほしい。このことを、管理職は知っているか」と要求していますが、このときの担任の受け止めはどうだったのでしょうか。また、それ以前にあった複数回のＩの保護者とのやり取りの経過の中で、担任はこのケースをどう見立てていたのでしょうか。このケースにおいて、女子3人と担任は属性が同じ（同学級）であることを、理解しておく必要があります。学校集団において発生するいじめは、未熟な子どもたちの狭い人間関係の中で起

こるものとして捉えることができます。

　このような状況を、対人関係学派のH.S.サリヴァンは、小学校中学年という時期は、児童期社会内部における小集団の差別的分裂が起こると述べています。この差別的分裂により、児童は社会的自己評価にさらされることになります。これは児童自身の評価と言い換えることができます。また、家族以外の外部から自身がどのように見られているか、どう思われているのかを気にするのです。この自己の社会的判定を向上させる1つの方法として、H.S.サリヴァンは他者を貶める術を児童が獲得するとしています。これは社会的安全保障と言われるものの1つであり、自身の評価を上げるために他者を貶める（さげすむ、見下す）行動として現れます。すなわち本事案における背景の1つとして、児童期の対人関係における特徴があると捉えることができるのです。

　この後、校内対策委員会で担任から情報が提供されているにもかかわらず、JとKがただ一緒に遊んでいただけという評価となり、いじめ認定をせず、対応を担任に一任しています。ここでも認識のズレが見られ、このことも事態の悪化を招いた一因です。IはJとKから仲間外れにされたと訴えており、それぞれの聞き取りの結果、「JとKが公園で遊んでいた」ということが確認されています。またIの遅刻欠席が増加したという事実もあります。

　これは、いじめ防止対策推進法の第2条にある「いじめ」の定義に照らすと、一定の人間関係があり、心理的又は物理的な影響を与える行為であって、当該児童が心身の苦痛を感じているものに該当します。加えて、いじめの被害児童の登校が不安定な場合は、不登校の支援も見据えての対応が必要になります。欠席日数が30日に達した場合は、いじめ防止対策推進法の第28条第2号にかかる重大事態になることを、熟知しておくことも重要です。

　上記のことから、このケースにおいてはいじめの重大事態になる可能性を、Iの欠席が出始めた時期から認識しておく必要があったと考えます。結果的に、Iの保護者から長期にわたっていじめが続

いていると訴えがあり、現状では学校に行かせられないという状態に陥っています。

　さらに謝罪の場面において事態が深刻化します。謝罪の前にＩが担任に対して、「話し合いをして関係が悪くなったらどうしよう」と不安の訴えをしたにもかかわらず、「短時間ですませる」という対処になったことは、Ｉの心情を理解し、配慮があったとは言えません。このときのＩの予期不安は、後に現実のものになります。Ｉへの謝罪場面の設定のはずが、Ｊ、Ｋから「自分たちもこれまでＩから悪口を言われて嫌だった」という話を聞き、ＩはＪ、Ｋに非難されたという印象を受ける結果になってしまいました。

　人間社会において、認識の相違は、成長期の子どもであれ、成人であれ、起こることは避けられません。ここで厄介なのは、互いに理解した（された）という想像に捉われ、思い込んでいることです。冒頭で述べた通り、この相違が今回の事案の始まりであると推察すると、まず学校はそれぞれの子どもに今回の出来事をどのように認識しているのか、事実も踏まえて具体的に確認し、双方に解説することが必要です。その上で謝罪の場というより、話し合いの場を設けて、これからお互いにより良い学校生活を送っていくにはどうすればよいかを考えさせることが、教育の本来の目的であると考えます。

　今回生起した事象を肯定的に捉えると、３人の関係性を変化させるための働きかけを行うことで、それぞれが相手の立場になって考え、望ましい関係を学べる機会にもなることでしょう。

★参考文献：Ｈ．Ｓ．サリヴァン『精神医学は対人関係である』中井久雄他訳みすず書房　1990年

▶【専門家によるプランニング】

①Ⅰ及びⅠ保護者の意向を踏まえ、専門家チーム主導による重大事態調査を実施する（調査期間は約1カ月を予定）。指導主事及び弁護士が聞き取りを主として行う。【主担当：専門家チーム、校長】

②Ⅰの心のケアについて、Ⅰ及びⅠ保護者と信頼関係を構築している区担当SSWと心理士が中心となって行う。【主担当：専門家チーム、養護教諭】

③Ⅰの状況について、週1回の校内ケース会議で、区担当SSWが関係職員と情報共有する。【主担当：区担当SSW、校長、生徒指導担当、担任、養護教諭】

④学校の窓口を、Ⅰ及びⅠ保護者の意向を踏まえ、養護教諭に決定し、情報の集約を養護教諭と生徒指導担当で行う。【主担当：養護教諭、生徒指導担当】

⑤Ⅰが欠席している間の学習支援を作成する。【主担当：担任、学年主任】

⑥調査終了後に、専門家チームがⅠ保護者に対して調査結果を説明する。合わせて学校は、今後の支援計画、再発防止策について提案する。【主担当：専門家チーム、校長、生徒指導担当、学年主任、養護教諭、担任】

⑦当該クラスにおいて、弁護士によるいじめ防止授業を実施する。【主担当：専門家チーム、生徒指導担当】

⑧次回、●月●日（1カ月後）に会議を開催する。

（事案のその後はp.113に掲載）

ちょっと豆知識②「謝罪会について」

　ケース⑤では、子ども同士の謝罪会が不調に終わり、それ以降、Iの本格的な長期欠席がはじまるなど、事態がより深刻化することとなりました。いじめの対応において、謝罪会は重要なポイントとなります。うまくいけば、事態を改善に向けることができますし、反対に不調に終われば、このケースのように、深刻化を招くことが少なくありません。

　学校の立場からすると、被害児童生徒が1日も早く回復し、元気に登校してほしい、と考えるのが普通ですから、そのための謝罪会を早くしたいと考えます。しかし万が一、謝罪会が不調に終わったときには、被害児童生徒が今以上に傷つき、事態を深刻化させることになるため、慎重に考えなければなりません。

　ケース⑤では、Iは直前まで「話し合いをしてさらに関係が悪くなったらどうしよう」と不安があり、そのことを手紙で担任に伝えていました。一方、J、Kは、謝罪会の中で、自分たちもこれまでIから悪口を言われて嫌だったことなどをIに話しました。Iの立場からすると「ちゃんと謝ってくれるのかな」と心配していたところへ、反対に「あなたも悪い」とJ、Kから言われたため、大変苦しい気持ちを抱くことになりました。

　適切な謝罪会のもち方については、拙著、2022年5月『月刊生徒指導』増刊号「いまさら聞けない　生徒指導主事の仕事」で紹介しましたので、詳しくはそちらをご覧いただければと思いますが、謝罪会は儀式的な意味合いで行うのものではなく、その目的は、①被害児童生徒の尊厳の回復、②加害児童生徒が今後、行為を繰り返さないと約束すること、の2点にあります。

　この2点の目的を達成するために、被害児童生徒に対しては、あなたを守るという寄り添う姿勢で、相手の謝罪を受け止める心の準備ができているのか、加害児童生徒との関係修復を希望するのかを確認します。

一方、加害児童生徒に対しては、相手を傷つけたことについて毅然と指導するとともに、加害児童生徒が内面に抱える不安や不満、ストレスなどを受け止めて成長支援をする中で、被害児童生徒に対する謝罪や関係修復に向けた動きがとれることを確認します。

　謝罪会は、このように「被害児童生徒に対する支援」と、「加害児童生徒に対する指導支援」の両方の着地点として行われ、先に述べた謝罪会の２つの目的を達成することが大切です（下図）。

　ですので、先生方からすると、謝罪会を行う前の段階で、被害側、加害側の指導支援の進捗状況から、成功することを見通せていることが大切ですし、反対に「やってみなくはわからない」という謝罪会はするべきではありません。

謝罪会の目的
・被害を受けた子どもの尊厳を回復すること ・今後、加害行為を行わないことを加害児童生徒が被害児童生徒に約束すること

被害児童生徒支援のポイント	加害児童生徒指導支援のポイント
・被害児童生徒に対して寄り添い、必ず守り抜くという姿勢で支援を継続すること ・被害児童生徒は相手の謝罪を受け止める心の準備ができているのか、加害児童生徒との関係修復を希望するのかなどを確認すること	・人を傷つける行為について毅然と指導し、加害児童生徒が相手を傷つけたことに気づき反省を促すこと ・加害児童生徒が内面に抱える不安や不満、ストレスなどを受け止め、成長支援をすること。SC、SSWとの連携。 ・被害児童生徒に対する謝罪や関係修復に向けた行動がとれるようになったと判断できること

図　木田哲生『いまさら聞けない　生徒指導主事の仕事』学事出版

3. 派遣後の流れ

　1回目の専門家チームの派遣で、先の事案のようなアセスメント及びプランニングを行った後、それらに基づいて事態の改善に向けた実践をすることになります。

　派遣後の大まかな流れは図のようになります。

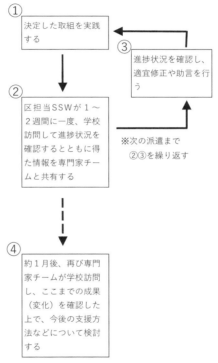

①
決定した取組を実践する

③
進捗状況を確認し、適宜修正や助言を行う

②
区担当SSWが1～2週間に一度、学校訪問して進捗状況を確認するとともに得た情報を専門家チームと共有する

※次の派遣まで②③を繰り返す

④
約1月後、再び専門家チームが学校訪問し、ここまでの成果（変化）を確認した上で、今後の支援方法などについて検討する

図　派遣後の流れ

　①のアセスメント・プランニングに基づく実践段階は、基本的に学校が主体となりますが、ケースによっては、専門家チームの関わりが大きくなることもあります。この実践段階での専門家チームとの関わりを整理すると、大きく3つあげられます。

　1つめはケース会議で決定した今後の取組について主として学校が取り組み、その進捗を専門家チームが確認し適宜アドバイス等を

する「後方支援型」、２つめは専門家チームが保護者と直接面談した上で、第三者の立場で学校との仲裁役を行う「直接仲裁型」、３つめは専門家チームが直接いじめ等の調査（重大事態調査を含む）を実施した上で結果について保護者に説明し問題の解決を図る「直接調査型」です。ただし、直接仲裁型であっても、保護者の要望で担任や管理職から状況等を聞き取るなど簡易な調査を行ったり、直接調査型であっても、最終的には保護者と学校の関係回復のために面談を設定し仲裁を行ったりすることから、専門家チームの関わり方は事案に応じて複合的なものになっています。

　これら実践段階での専門家チームの関わり方は当初から想定していたものではなく、被害児童生徒及び保護者のニーズや学校の解決力（対応可能な人員、保護者との信頼関係等）等を考慮する中で決定してきました。その他にも、専門家チームの関わりとして、当該クラスでのいじめ防止授業や、教職員に対するいじめに関する研修等も適宜行っています。

　次に、前頁の図②の「区担当SSWが１〜２週間に一度、学校訪問して進捗状況を確認するとともに得た情報を専門家チームと共有する」と③の「進捗状況を確認し、適宜修正や助言を行う」はセットになっていて、次の専門家チームの派遣まで（約１カ月後）繰り返し行われます。ここでは、関係児童生徒の状況改善を確認しながら適宜修正等を行う必要があることと、また重大事態が発生したことにより疲弊し消極的になっている学校を継続的にエンパワーメントすることが目的となっています。この間のやり取りは主にメールを活用し、区担当SSWからの情報をもとに専門家チーム内でメール会議を行い、会議の内容や学校へのアドバイス等を区担当SSWが中継役となり学校への支援を継続します。

　区担当SSWからの報告では、この間の区担当SSWの学校訪問について、訪問した際は管理職や当該教員から、重大事態に対する不安や葛藤、疲労感、その他悩み事なども語られることもあり、区担当SSWはこれらに寄り添う中で、学校の重大事態等に対する継

続的な取組を支えています。

　そして、④の「約１月後、再び専門家チームが学校訪問し、ここまでの成果（変化）を確認した上で、今後の支援方法等について検討する」については、１カ月間の成果を踏まえ、主に危機的な状況を脱した後の支援について検討します。児童生徒が安心して登校するための環境や仲間づくり、継続的な家庭・保護者支援、学校の支援体制、そして学校と保護者との関係回復場面の設定など、ここまでの改善を継続させ、安定化させるための取組について協議します。

　その後、さらに②③を繰り返します。この時点（最初の派遣から１カ月〜１カ月半）では、事象の改善が見られることに加え、保護者と学校の関係も概ね改善されています。また本件に関わる教員の態度も変化し、当初の消極的な言動が見られなくなり、自信をもった発言や積極的な提案が聞かれるようになりました。

　うまくいけば、次の３回めの派遣がラストになります。ラストは事案の総括として、今回の事案から得た反省や教訓、特に学校の組織的な体制や対処方法等について学校自身のアセスメントを行います。

　先の５つの事案からも見えてくるように、事案発生後の学校の対応について、たとえば担任１人が抱え込むことや、校内対策委員会が開催されていないこと、教育委員会への一報が極端に遅いこと、SCやSSW、警察等との連携がとれていないことなど、今後の学校運営や生徒指導体制づくりに活かすべき点が見えてきます。学校の先生方からすると、大変苦しい危機的な状況を脱して、ホッとする場面ですが、今回の事案で得た反省を教訓とし、今後同種のトラブル等が発生した際に、深刻化させずに解決できるよう、ラストの訪問では少し時間をとって、一緒に考えるようにしています。

　良い学校とは、トラブルが無い学校ではなく、トラブルを乗り越えていける学校だと思っています。

4. 各事例ケースのその後

　それでは、先ほどの5つの事案について、その後どうなったのか見ていきたいと思います。

ケース①いじめ事案

　A及びA保護者と信頼関係にあった担任と教頭が家庭訪問を行い、面談するとともに、親子でのSC面談を設定しました。また、Aが病院で受診する際、生徒指導担当及び養護教諭が同席して、学校で体調不良になった際の関わり等についてアドバイスをいただきました。その後も、週1〜2回担任等による家庭訪問で、Aと定期的にコミュニケーションをとるようになった頃から頭痛等の症状が治まってきました。新学期を迎えるタイミングで、SC及び区担当SSWと共に新年度の支援体制について学校関係者で協議し、特にA、Bに対する支援や保護者との信頼関係の構築に向けた動きを確認し、その内容をA及びA保護者に説明しました。新学期に向けて、Aは保護者と共に放課後に登校する練習を行い、新学期からA保護者が送り迎えをしながらも毎日元気に登校することができるようになりました。

　さらにその後も定期的にA保護者と担任やSCとの面談の場を設定してコミュニケーションを進めていくと、A保護者から、子育てに対する不安や困り感が語られるようになり、Aの発達について、SCのアドバイスもあって、A保護者が医療機関に相談することになりました。医療機関においてAの発達の検査が行われ、Aの苦手な部分が明らかとなり、A保護者は「検査の結果を聞いて、とても納得することができた」と安心した様子でした。A保護者と学校の関係が良好になるにつれて、Aは安定して登校することができようになりました。

ケース②不登校事案

　C及びC保護者の担任に対する不信感が強かったため、Cと信頼関係にあった養護教諭が中心となって、Cの心のケアや学習支援に取り組みました。その際、心のケアについては、CとC保護者はSCと面談することになり、担任に対する不安や、それ以前からCが抱いていた人間関係に対する苦手意識などが明らかとなりました。また学習支援について、主治医からのアドバイスにより、Cが得意な理科（生物）に関する学習を中心とし、Cが自信を取り戻すことを第一に取り組むこととなりました。当面は養護教諭が中心となってC及びC保護者に関わるため、学年主任及び教頭が、養護教諭の業務等の負担を軽減するためのサポートを行いました。

　一方、生徒指導担当が中心となって、CやC保護者が訴えている、担任の学級指導について調査を行いました。周囲の児童や教員への聞き取りを実施すると、C以外にも、担任が怖くてときどき欠席している児童や登校を渋っている児童がいることがわかりました。同じ学年の教員らへの聞き取りでは、Cが在籍する学級から担任の怒鳴り声がときどき聞こえてきたり、担任に怒られて児童が泣いている姿を複数回見たり、という話がありましたが、担任はベテランの教員なので、周囲の教員は「何も言えなかった」と言います。

　以上の調査結果をもとに、管理職から担任に対して説明及び指導を行い、その後、教育委員会立ち合いのもと、C及びC保護者に対して、調査結果の説明と担任からの謝罪を行いました。また、学級全体に対しても、担任と管理職から謝罪を行い、SCと連携して他の児童の心のケアを実施しました。

　以上の動きが約1カ月の間に行われ、2回目の専門家チーム派遣の際には、Cの自傷行為は見られなくなり、登校も再開しました。またC以外にも担任に対する不安から欠席がちだった児童も、欠席することなく登校ができるようになりました。

　専門家チームでは、学級での安心な居場所づくりに向けた支援や道徳の時間等を活用した良好な関係づくりプログラムなどについて

提案し、継続的かつ安定的な学級運営について検討しました。また、今回の反省は、担任１人の問題ではなく、組織で対応できなかった点が大きいと捉え、専門家チームから、全教員を対象に研修会を実施することとなりました。

ケース③性被害事案

　まずは生徒指導担当が警察及びＤが受診した病院や女性センター等の機関と連携し、本件の情報及びＤの支援についてのアドバイスを収集しました。特に、警察の動きは、Ｅ、Ｆ、Ｇに対する聞き取り等が平行して行われているため、日々新たな情報を入手することとなります。

　Ｄの心のケアとして、担任はＤが信頼している小学校時代の担任と連携し、小学校時代の担任からＤに対する励ましの手紙を受け取り、Ｄに渡しました。手紙を受け取ったＤはとても喜び、担任に対して、小学校時代の担任の今の様子などを尋ねて、安心した様子でした。その後、これまで担任からの電話や家庭訪問に対して居留守を使うことが多かったＤでしたが、担任からの連絡には進んで対応するようになりました。その中で、担任と同席でＳＣと面談することもできるようになりました。

　一方、平行線で終わっていた、保護者同士での話し合いを再度行うため、学校からＤ保護者に対して、Ｅ、Ｆ、Ｇを転校させることはできないこと、その上でＤが安心して登校できるように、Ｅ、Ｆ、Ｇや保護者に対して、Ｄの苦しさを理解していただき協力を求めたい旨を丁寧に話しました。Ｄ保護者は、事件後、ふさぎ込んでいたＤが担任等と笑顔で話す変化に感謝を述べつつ、「よろしくお願いします」と応じました。再度設けられた保護者同士での話し合いにおいて、管理職からＤ保護者の了解のもと、Ｄが小学校時代から抱えてきた苦しさや不安について語り、そのようなＤの立場から今回の事件について捉えなおし、今のＤの危機的状況について理解を求めました。Ｅ、Ｆ、Ｇの保護者の中には、涙を流す保護者もおられ、Ｄが登校できるようにできる限り協力することを約束していただけ

ました。D保護者からは、「前回の話し合いでは、自分の子どもが死ぬのではないかという不安から、興奮が抑えられず、大変申し訳ありませんでした」と話がありました。

2回めの専門家チーム派遣では、Dが「登校してみたい」と話していることを踏まえて、E、F、Gに対する指導・支援について話し合いました。E、F、Gはこれまで学校のルールを守れないことが多く、その都度、教員が注意や指導をしてきましたが、言うことが聞けなかったり、時には教員に対して暴力をふるったりすることもありました。そこで、警察及び児童相談所と連携し、E、F、Gのアセスメントを丁寧に行いつつ、今回の件について内省を促す指導をそれぞれの立場で実施することとなりました。EとFについては、その後、保護者の同意のもと、心理・発達検査などを実施することになり、医療的なケアにつながることができました。

E、F、GのDに対する理解が少しずつ進む中、E、F、Gとの接触を避けながらDの別室登校が再開し、少しずつ、笑顔で過ごすDの姿が見られるようになりました。

ケース④困難な保護者対応事案

専門家チームとのケース会議の後、校長からH保護者に対して、筆跡鑑定は行えないこと、またこれ以上の犯人探しは行わない旨を伝えました。それと同時に、今後、Hの安全安心を確保することに全力を尽くすことを丁寧に伝えました。Hの心のケアとして、H保護者の了解のもと、H保護者が仕事で留守の際、担任がHと一緒に近くのペットショップの犬を見に行ったり、学校の飼育小屋に散歩に行ったりしました。Hは徐々に笑顔が増え、学校の支援学級で勉強をするようになりました。支援学級で勉強をはじめると、小学校高学年のHの勉強の理解度は、小学校2～3年生であることがわかり、Hが得意な算数でも3年生程度の理解でした。

そのようなHに対して、3年生の算数を中心に学習を進め、その中で、繰り上がりのひっ算や、文章問題が苦手だということが明ら

かになり、特に長い文章を理解することが難しかったです。そのようなHの学習状況を担任がH保護者と共有する中で、Hの得意、不得意を科学的に把握し、Hの支援を充実させるための、発達検査を受けてみることにH保護者が同意しました。

　その後、検査結果をもとに、Hの特別支援の必要性を理解したH保護者は、特別支援コーディネーターに相談しながら、家庭での関わりについても見直すようになりました。Hには学力の優秀な姉がいましたが、姉と同じ塾に行かせることをやめ、Hが自分のペースで勉強できるようにしました。また運動が苦手なHのために、水泳を習わせていましが、「ずっとつらかった」というHの気持ちを聞いて、水泳もやめさせ、その代わりに、Hが朝と夕に犬の散歩をすることになりました。

　その後Hは、落ち着いて過ごせる支援学級を中心に学校生活を送りますが、これまでとは別人のように明るく、よく人に話しかけるようになりました。家でも、家族を助けたり、家事を手伝ったりする姿が出てきて、保護者を驚かせます。

　H保護者は担任との会話の中で、当時の「犯人を捜せ」と言っていた自分を振り返り、「小さい頃からあまり話さないHに対して何をしてあげればいいのかわからず、姉と同じように育ててきたが、なぜかうまくいかなかった。そのような不安や自信のなさからHに対して厳しく言うことや、無理やりさせることをしてきた。Hが学校に行きたくない、と言ったときに、このまま学校に行かなくなったら、Hの人生はどうなるんだろうかとパニックになってしまい、何とか犯人を見つけなければHが学校に行けないのではないかと考えた。今から思えば、Hを追い詰めていたのは親である自分だった。本当に申し訳なかった」と話しました。

ケース⑤いじめの重大事態

　その後、約２カ月にわたって専門家チームによる重大事態調査を行いました。主として区担当 SSW と心理士が I 及び I 保護者に寄り添い心のケアを、弁護士と指導主事が学校及び加害側への聞き取り等の調査を進める等、専門家チーム内で役割分担して対応しました。このような役割分担は、はじめらから決まっていたのではなく、区担当 SSW は専門家チームを派遣する以前から、I と面識があったこと、また心理士については、I が女児であり、さらに I の対応については母親が主として行っていたため、女性の心理士が被害側の支援をすることになりました。一方で男性の弁護士と指導主事が加害側への対応や調査を進めることにしました。専門家チーム内で役割分担する際、もちろん専門性に基づいて決定することが重要ではありますが、このように児童や保護者の状況に合わせて柔軟に変化させることが大切だと考えます。

　他のケースでは、それまで関係を築いていた指導主事が被害側に寄り添い、弁護士と心理士が調査を進めたり、弁護士と指導主事が被害側に寄り添い、SSWsv と心理士が調査を進めることもありました。SSWsv と心理士が調査を進めたケースは、小学校低学年の児童たちへの聞き取りを進めるため、可能なかぎり児童たちへの負担を軽減する配慮からの役割分担となりました。

　話をケース⑤のその後に戻します。はじめはふさぎ込むような I の様子でしたが、徐々に笑顔を取り戻し、学習に対する意欲も高まり、区担当 SSW が家庭訪問した際に一緒に勉強するようになりました。しかし、I 及び I 保護者の学校に対する不信感はなかなか消えず、学校からの連絡や家庭訪問は拒否し続けました。そのため、I 及び I 保護者の意向もあり、J、K 保護者に対する調査結果の説明及び、J、K に対する指導支援についても専門家チームで行うことになりました。合わせて、担任やその他の教員に対する調査結果の説明や再発防止に向けた研修会も専門家チームで行いました。

　その中で、担任は「途中から I がどんどん悪化していくことを感

じていたが、どうしていいのかわからなかった。周囲にも相談したが、あまりアドバイスをもらえず、１人で対応するしかなかった。IやI保護者に対して本当に申し訳ない」と苦しい胸中を語っていました。

　専門家チームによる調査が終了し、結果をI保護者に説明し納得が得られた段階で、管理職や担任をはじめ、本件に関わる先生方に対して調査結果の説明と、調査から見えてきた本件対応の課題についてお伝えしました。大きな課題としては、いじめの認知について、謝罪会のもち方について、保護者との連携について、SC、SSW等の専門家との連携について、そして特に組織的対応の不十分さについてです。当該校では、管理職のリーダーシップが発揮されていないことに加え、生徒指導の要になっている教員は、当該校での勤務年数が長く、大きな影響力をもっており、他の職員は意見を言えない状況でした。この教員は周囲の教員からは、相談しても相手にしてもらえない、気まぐれに発言する等と評価されている側面もあり、結果として、担任が１人で抱え込んでしまう状況がありました。当該校での生徒指導体制の再構築は最重要課題であり、管理職と協力して引き続き取り組むことを確認しました。

　このような動きの中で、I及びI保護者が少しずつ学校との信頼関係構築に向けて前向きに考えられるようになり、専門家チームと学校、I保護者との話し合いの場を設定することができました。その場で、担任や管理職からI保護者に対して謝罪があり、Iの登校に向けた話し合いが行われました。学校からIの学習支援として、放課後に個別に補習を行う計画が提案され、I保護者は安心した様子でした。その後、Iは登校できるようになりました。

パフォーマンスを高める 専門家チームの 在り方について

　本章は、ここまでの専門家チームの活動を振り返り、パフォーマンスを高める専門家チームの在り方について考えたいと思います。第1章でお伝えした通り、ここまでの専門家チームの活動では、不登校となっていた全ての児童生徒が登校（別室登校及び転校後の登校を含む）または教育支援教室に通うことができるようになるなど、大きな成果をあげることができました。本章では、「なぜ大きな成果をあげることができたのか」について考えたいと思います。分析の材料として、専門家チームのメンバーの意識等を確認するために実施した、「アンケート調査」と「ヒアリング」のそれぞれの結果を活用したいと思います。

　特に注目したいのは、普段、個別で活躍している専門家が、「チーム」として活躍し、高いパフォーマンスを発揮するには、何が必要なのかということです。

　我々が実践してきた専門家チームは、まだまだ発展途上ですが、ここまでを振り返ると、専門家がチームとしてはたらくことの意義や大きな可能性を感じています。皆さまにもそのようなことを感じていただければ嬉しいです。

1. アンケート調査より

　専門家チームの笠原弁護士、片山心理士、黒田SSWsvの３名に対して、ここまでの専門家チームの成果や課題等について、書面でのアンケートを行いました。アンケート結果は下表の通りです。

表　専門家チームへのアンケート集計結果

	とても思う	思う	どちらともいえない	あまり思わない	思わない
1. ここまでの専門家チームの取組は、成果をあげていると思う。	2	1	0	0	0
2. 専門家チームでは、自分の考えを自由に発言することができる。それがたとえ「無知、無能、否定的、邪魔だと思われる可能性のある言動」だとしても。	1	2	0	0	0
3. 専門家チームでは対等にアイデアや意見を出し合うことができる。	2	1	0	0	0
4. 専門家チームのメンバーは、自分が困ったときに助けてくれたり、落ち込んだときには励ましたりしてくれる。	3	0	0	0	0
5. 専門家チームは、相乗効果により、「1＋1＋1＋1＋1＝5」以上の力を発揮する。	3	0	0	0	0
6. 専門家チームで活動することにやりがいがある。	2	1	0	0	0
7. 今後、全国の学校に専門家チームの支援が広がると良い。	3	0	0	0	0

（単位：人）

　アンケート調査結果より、各メンバーは、ここまでの専門家チームの取組に対して、成果が大きいと評価しており、そのような取組にやりがいも感じていることがわかります。成果をあげている理由として、「学校が、子どもや保護者のアセスメントを深め、アプローチの幅を広げたり工夫したりすることによって、信頼関係の回復や再構築を模索する方向へと向かうため」「初回の訪問から、回を重ねるごとに、学校の受け入れ、先生方の表情、場の空気感が明らかに変化していく」などと答えています。

　またアンケートでは、専門家チームのメンバー間の関係性を尋ねています。質問２「専門家チームでは、自分の考えを自由に発言することができる。それがたとえ『無知、無能、否定的、邪魔だと思われる可能性のある言動』だとしても。」は心理的安全性※1に関わる内容、質問３「専門家チームでは対等にアイデアや意見を出し合

うことができる。」、質問4「専門家チームのメンバーは、自分が困ったときに助けてくれたり、落ち込んだときには励ましたりしてくれる。」は同僚性[2]に関わる内容となっています。いずれの質問も肯定的に捉えており、専門家チーム内の心理的安全性や同僚性が高いことが伺えます。

※1　「無知、心配性、迷惑と思われるかもしれない発言をしても、この組織なら大丈夫だ」と思える、発言することへの安心感をもてる状態
（文部科学省　令和4年12月『生徒指導提要（改訂版）』 p.127）
※2　教職員が職場でお互いに気楽に相談し・相談される、助ける・助けられる、励まし・励まされることのできる人間的な関係をつくりだすこと。

★参考文献：高橋典久・新井肇「同僚性をベースにした協働的生徒指導体制をどう構築するか」『月刊生徒指導』2008年8月号　学事出版

　さらにアンケートの質問5「専門家チームは、相乗効果により、「1＋1＋1＋1＋1＝5」以上の力を発揮する。」についても、全員が「とても思う」と回答しています。この質問を作成した理由は、筆者自身が専門家チームの活動でこのことを実感していたからなのですが、このあたりが普段個別で働く専門家がチームとして活動する意義であり、効果的な（パフォーマンスの高い）専門家チームの在り方を検討する上で重要な視点だと考えるため、この点については、この後の、メンバーへのヒアリング結果を踏まえて再度検討したいと思います。
　次に、「ではなぜ専門家チームがこのような大きい成果をあげることができたのか」。このことについて検討するため、専門家チームの3名の先生方に対して、ここまでの活動を振り返りながら、「なぜ成果をあげることができているのか」などを中心に自由に語ってもらうヒアリングを実施しました。ヒアリング結果から分析したポイントについて紹介します。

2. ヒアリング結果より

▶ ①心理的安全性・同僚性の高さ

　アンケート結果からも明らかになったように各メンバーは共通して、他のメンバーに対する安心感や信頼感を述べており、端的に「仲が良い」と言えます。このような関係性を構築できている理由の1つとして、第1章でも触れましたが専門家チームのメンバーの選定方法があげられます。SSWsvと心理士は、もともと堺市で活躍していた方で信頼がありましたし、そのSSWsvの知り合いだった弁護士を紹介いただいたため、最初から安心してスタートすることができました。以上を踏まえると、専門家チームのメンバーは、もともと信頼関係を構築しやすい人選だったといえます。

　さらにヒアリングでは、「活動の中で私の至らないところを補完してくださいました」「否定されずに積み上げていくような議論ができる」「うまくいかなかったときに励ましてくれた」といった意見があり、互いを尊重しつつ、励まし合い、不足を補い合うような関わりがあったことがわかります。

　またケース会議の前後の時間等のすきま時間では、互いの趣味（キャンプや旅行、韓流ドラマ鑑賞など）や自身の子育てのことなど、プライベートの内容も話しています。これは同僚性の構築に重要とされている「情報冗長性」と捉えることができます。

　情報冗長性とは、直接的には必要ではない余分な情報のことを言います。「余分な情報であればいらないのではないか」と感じるかもしれませんが、職場の同僚性を構築する上で、相手の好き嫌いや、大切にしていること、楽しいこと、したくないこと、家族のことなど、仕事の情報のみならず、ある程度その人のことを知ることはとても大切です。「自分のことを知ってくれている」という思いは、相手と友好的な関係をつくる土台ともなります。

　また、余分だと思える情報が実は仕事においても重要になることもあります。たとえば、以前のことですが、同じ職場の同僚が、京都のお土産を買ってきてくれたことがありました。筆者は「京都は良いところですね〜」などと話をしていました。すると、話の中で「じつは月に１回、親の介護のために京都の実家に帰っているんです」とその同僚が教えてくれました。その話を聞いた筆者を含めた他の同僚は、「もし仕事を休まなくてはいけないときは遠慮せずに言ってくださいね」と話しました。「月に１回、親の介護のために京都に帰っている」という情報は仕事とは直接関係のないプライベートな情報で、情報冗長性を有した情報ですが、このように、相手の事情を少し知っていると、次に親の介護で同僚が休まなくてはならなくなったときに、積極的にフォローすることができます。もちろん、そのような事情を知らなくても、積極的にフォローはしなくてはいけないのですが、相手の事情を少し知っているか否かで、より積極的に動けるのではないでしょうか。話を戻しますが、したがって、アンケートで明らかとなった、専門家チームの心理的安全性や同僚性の高さは、信頼関係を構築しやすい人選に加え、その後、互いに尊重し合い、補完し合ったり、励まし合ったり、助け合ったり、といった関わりを重ねたこと、さらに仕事に関する情報に加えて、お互いの趣味やその他プライベートの内容等の情報冗長性を有した情報をもち合う中で育まれていったと考えられます。

　そしてこのような関係を構築する中で、様々なチームプレイが生まれます。実際のケース会議では、専門家チームのメンバー同士で自分とは異なる互いの専門領域のことを質問し合うことはしょっちゅうですし、「このような理解で合ってますか？」と自分の意見に修正を求めることもあります。また、意見が異なる場合は、そっと修正案を提案したり、ケースによっては、学校や保護者に対して厳しい内容を伝える場面もありますが、その他のチームのメンバーが学校や保護者に寄り添い、フォローしたり、聞き役に回ったりしています。これは筆者自身も感じていることですが、「自分が間違っ

ているときは、チームのメンバーが助けてくれる」という安心感があるため、自分のできることを出し惜しみすることなく、最大限がんばろうと思うことができています。

▶ ②学校支援の継続性について

　各メンバーは成果をあげている理由として、「継続的に関わりがもてることで、専門家と学校との掛け違いを事後に知ることできたり、時には学校に落とし込めていなかった助言をあらためて強調したりすることができる。さらにそこで顕在化する学校の構造的な問題に合致した助言がさらにできていると感じる」「保護者との継続的な面談によって、信頼関係を育む中で、子どもの理解が深まり、適切な支援（進学先の支援コーディネーター、医療機関等）につながる場面は、お役にたてて良かったと感じる」といった意見を述べており、3名ともが異口同音に支援の「継続性」が重要だと指摘しています。この点については、全国でこれまで実施されてきた専門家チームの支援において、その日限りの単発で実施される事例も見られますが、効果的な支援を行う上では、継続的な支援について検討する必要があると言えます。

　そして支援の継続性において、鍵を握っているのは、第2章でもお伝えしました区担当SSWの存在です。専門家チームの派遣は1カ月に1回程度であり、次の派遣までの間、区担当SSWが継続的に学校訪問し、進捗状況の確認をするとともに専門家チームと連携し学校に対して適宜修正や助言等を行っています。さらに区担当SSWからの報告では、区担当SSWが訪問した際に、管理職や当該教員から、重大事態に対する不安や葛藤、疲労感、その他悩み事なども語られることもあり、区担当SSWはこれらに寄り添う中で、学校の重大事態等に対する取組を継続的に支えています。

　以上を踏まえると、学校で生じた困難な事象を学校が主体となって解決するには、専門家チームが一度訪問するだけの「点」での関わりでなく、一定期間の継続的な「線」や、区担当SSWと連携し

た「面」としての関わりが重要だと考えます。

　そもそも、これまでの経験上、1回の訪問で全てが改善することはほとんどありません。多くのケースでは、次回の訪問までの間の取組によって、うまくいっている部分と、あまりうまくいっていない部分とが混在しています。したがって、2回目の訪問では、そのあたりを確認して、あまりうまくいっていない部分を修正して、より安定的で持続的な体制づくりを構築します。逆に言うと、学校が危機を脱出し、ある程度の安定状態になるまで、専門家チームの支援を止めることはありません。そう考えると、これまでの専門家チームの大きい成果の最大の要因は、「成果（改善）が見えるまでやり続けること」かもしれないですね。

ちょっと豆知識③「意思決定」

　経営の世界で有名なドラッガーは、著書『非営利組織の経営』の中で、意思決定について述べています。意思決定は、組織の経営者（トップ）においては、組織の未来を左右する最も重要な仕事と言えます。ドラッガーは著書の中で「およそ意思決定とは、将来の不確実性に対して、現在の資源を投入することを約束することである。となれば、初歩的な確率論からいっても、意思決定は正しかったということになるよりも、間違いだったとなることの方が多い。少なくとも途中で何らかの調整をすることが不可避となる。」と話しています。

　「経営の神様」と評されるドラッガーであっても、意思決定を「その後の調整を前提としている」ということであれば、専門家チームで考えた意思決定にも、「そりゃ修正がないわけはないよ」と言ったら怒られそうですが（笑）、少なくとも、専門家チームで考えた支援によって、その後どのような変化があったのかを確認することは必要だと思います。その変化を踏まえて、よりよい方法を学校の先生方と議論し決定していく。これが楽しくて楽しくて。

▶ ③チーム内の相乗効果について

　アンケート結果で述べた通り、各メンバーは、チームで働くことで、それぞれが個人で活動している結果の総和（1＋1＋1＋1＋1＝5）以上のパフォーマンスを発揮していると感じています。ヒアリングでは、「教育、司法、福祉、心理、それぞれの専門家の皆さんのご意見を良い刺激としながら、自分の考えを言葉にしようと努めることができる」「（自分の言ったことに対して）教育の視点から補完して貰ったり読み替えて同じことを学校に伝えて貰ったりすることは、とても大きいと思う」といった意見がありました。

　実際のケース会議等の場では、それぞれの専門的な立場から意見を出し合いますが、弁護士が子どもや保護者の心理を推察することがあったり、指導主事がいじめ防止対策推進法などの法律について説明することがあったり、心理士が虐待の背景や必要な福祉サービスについて言及したり、SSWsvが子どもの人間関係の視点から学校経営や学級経営の在り方などの教育について助言することもあります。つまり、自分の専門とは異なる領域であっても、互いに補完したり、自分の専門領域から読み替えたりしているのです。

　この点について、SSWsvは「活動の初期は、互いの専門性を保持することが重要であるとの考えから、自分の専門以外の意見は言わないことに注意していた」と述べています。さらに「異なる専門領域に関する意見を述べ合っている専門家チーム内のコミュニケーションを課題だとも感じていた」と語っています。しかしその後、「互いの専門性を尊重しつつも、異なる専門領域においても意見を出し合うことで、自分自身が大きな刺激を受け、よりポジティブな姿勢に変化し、視野の広がりと、専門性を高めることにつながり、それが学校に還元された」と振り返っています。

　また弁護士は振り返りの中で、「一度、私が親子の関係性の中から子どもの状態を想像した意見を言ったときに、専門家チームの心理士が、『関係性も大事だけれども、個の資質・能力からも状態を

想像・理解することが大事だ』という趣旨の意見を言われたことがありました。意見の対立ではなく複数の視点を出していただいていると感じて、とても面白いなとも思いました。私自身もとても納得した視点でしたし。…（中略）…複数の視点を出し合えるという、この感覚は好きです」と話してくれました。

　チーム内で自分の専門領域以外の意見を出し合う中で、時に修正が必要な場面が出てきますが、正面から否定するのではなく、互いに一旦受け止め、そっと修正したり、別案を提示したりしています（心理士は上手すぎるのですが）。このような修正機能がはたらくことで、大きく間違えずに1人では辿り着けないゴールに辿り着くことができるという点で、これも相乗効果の1つだと考えます。

　このように専門家チームのメンバーは、自分の専門性を軸足としながらも、他の専門領域に関心をもち、学び、意見し合っています。このような姿勢が、個人の成長を促すとともにチームのパフォーマンスを高めていると推察できます。

▶ ④教育委員会の役割について

　教育委員会の関わりについての言及も多く見られ、「教育委員会の意見がとても重要で、そこでピントがずれてしまうと（ケース会議の中で積み上げたものが）全て台無しになってしまいます」「教育委員会と専門家との相互理解がきちんとできているところも大きいですよね。教育委員会に専門家に任せておけば良いという、丸投げや盲信的な態度があると上手くいかない」「（教育委員会が）司法、福祉、心理、医療の分野を理解されていることは、発言する際の安心感につながっている」「（専門家チームの）高いパフォーマンスは教育委員会の総合力、リーダーシップ、マネジメント能力の高さあってこそだと感じている」等の意見がありました。

　専門家チームによる支援はあくまで教育委員会の事業であることを踏まえると、多かれ少なかれ教育委員会の考えや姿勢が影響を与えます。専門家に任せておけば良いという態度ではなく、日頃から

学校と関係を構築し、状況や課題を把握している教育委員会が「教育の専門家」として参加することが大切です。筆者自身の専門家チームでの活動を振り返ると、たとえばケース会議で各専門家から学校に対してアドバイスがあった際に、先生方がより理解しやすいように学校でよく見られる場面に置き換えて再度説明したり、学校の先生方が「本当は聞いてみたいけど、聞きにくいなあ」と感じるであろう質問を、あえて専門家の方々にしたりしています。

　どのような場面でも筆者がいつも考えているのは、「自分がこの学校の教員だったら、このケース会議の内容で、明日からまた頑張ろうと思えるかな？」ということです。そしてケース会議が始まる前には緊張していた学校の先生方の表情が、終わった後には笑顔になっていることが大切だと思っています。おかげさまで、ここまでの活動においてほぼ毎回、「今日も会議の最後は先生方が笑顔になったね」と、帰りの車の中での反省会で話すことができています。

　さらにヒアリングでは、教育委員会の関わりについて、活動初期のことを振り返る中で、「はじめは専門家でチームを組むといっても、自分がどのように役に立つのか、何をすればよいのか、チームの方々はどのような人たちだろうか、など本当に不安でいっぱいでした。でも指導主事の主導で、チームの目的や共通認識をもつことができ、また安心して発言できる環境を用意してくれたことで乗り越えることができた」というコメントもありました。

　以上のコメントは、普段は個人で働くことが多い専門家にとって、他の専門家とチームで活動することは、様々な不安や葛藤を伴うということがわかります。指導主事がコーディネート役を担い、チーム内の情報共有やスケジュール管理、ケース会議の進行等を行うことは、各専門家が安心して活動することに寄与します。このように専門家と学校をつなげることや、専門家チームのメンバーが各自の能力を発揮し、安心して活動することなど、専門家チームのパフォーマンスの向上において、教育委員会の役割は大きいものがあると考えます（自分で自分を追い込んでいるような気がするのですが……）。

3. 学校の受け入れ姿勢について

　専門家チームで学校を訪問した際、多くの学校で共通しているのは、はじめの時点では教員の多くが疲弊しており、消極的な発言、たとえば、「被害児童の保護者は無理難題を要求するモンスターペアレントだ」「被害児童にも問題がないわけではない」「何をやっても被害児童の保護者は変わらない」「自分たちは少ない人数でやっているのでこれ以上はできない」などの発言が多く見られたことです。先述したように、事案が深刻化・複雑化する過程で、教員は疲労感や無力感、時には絶望感を抱くことも珍しくなく、チームの心理士からは「これまでの対応で学校も傷ついている」という見立てもあり、このような学校に対して、専門家チームは、「学校の応援団」として、教員に寄り添う姿勢を第一としてきました。

　そして、はじめの時点では消極的な姿勢の先生方も、事態が改善されていき、2回めや3回めの訪問時には、消極的な発言は見られなくなり、笑顔が増え、積極的な提案が出てくることが多いです。

　このような先生方の心境は、実際に学校を訪問される教育委員会の方や専門家の皆さまにご理解いただきたい点です。

　一方、学校の先生方においては、つらい状況に長く身を置く中で、外部の教育委員会や専門家等の人間に対して「突然やってきて何がわかるんだ」「なんだ偉そうに」「どうせ何もできないだろう」と感じることもあるかもしれませんが、多くの外部の支援者は、自分の専門性を活かして「何とか役に立ちたい」と願っていますし、日々苦労されている学校に介入すること自体に申し訳なさや緊張感を感じていることをご理解いただければと思います。そのような外部の支援者の心境を理解した上で、ぜひ自分自身や学校にとってメリットのある行動をとってください。というのも、これまで専門家チームが関わったケースで、数は少ないのですが、なかなか事態が改善されずに苦労した反省があるからです。

恥ずかしながら少し紹介すると、案件の内容は、小学校３年生の男子児童と同じ学級の男子児童複数人よるいじめ案件です。いじめの内容は、被害児童保護者が「仲間外れにされた」「にらまれた」と訴えますが、学校は事実が確認できないということで、いじめと認知せずに、被害児童の欠席が続き、被害保護者との対立が深刻な状況でした。被害児童は「ちゃんと（加害）相手に指導してほしい」と学校に要望しますが、学校は「いじめではないので指導はできない」と返答し、被害児童及び保護者の学校に対する不信感が強くなってしまいました。そのような被害児童保護者は、毎日のように、小学校入学以降に感じていた担任や学校に対する不満や、他の児童とのトラブルやいじめのことなどを訴え、調査するよう繰り返し要望し、学校はそれらの対応に半年ほど四苦八苦していたのでした。

　専門家チームで訪問し、以上のような話を学校から聞いた上で、筆者からは、まずは積極的にいじめと捉え、被害児童が置かれている苦しい状況の改善に向けて取り組むことを提案しました。そうすると学校側は、「これをいじめとしたら、何でもかんでもいじめになる」「保護者のクレームにつきあう必要はない」などを発言し、怒りの感情を露わにしました。また参加されていた学校の先生方は、終始、無言か否定的な発言が多く、表情からしても「イヤイヤ参加している」という雰囲気でした。

　これまでもこのような場面はありましたので、学校の気持ちを受け止めつつ、「できるところからやっていきましょう」と、専門家チームのメンバーで話をしていましたが、学校は「いじめとは認知しないし、これ以上、保護者の言いなりにはならない」と頑なな姿勢でした。

　そのような学校に対して、筆者は「気持ちはわかりますが、法律ではこのような事案でもいじめと捉えます。学校は被害児童の気持ちに寄り添い、被害児童の安心を取り戻すことが責務です」などと少し強めに言いました。そこから30分ほど、筆者と校長先生で言い合いになりました。

　最終的に、先生方はあまり納得したような表情にはならず、しぶしぶ専門家チームから提案した、プランニングに取り組むことになるのですが、１カ月が経過しても、事態は改善されませんでした。

　その後、被害児童と保護者が教育委員会に相談に来て、被害児童は教育支援教室（旧適応指導教室）に通うようになります。専門家チームが訪問した以降の学校の動きを確認すると、結局、学校はいじめとは認知せずに、そのため周囲への指導等も行われず、不登校支援として家庭訪問等を行っていました。

　今になって思えば、「きつく言い過ぎたかなあ」と反省は多々あり恥ずかしいのですが、そのとき思ったのは、専門家チームの活動が成功するには、学校の専門家チームを受け入れる姿勢も重要だということです。

　外部の専門家が訪問するにあたって、学校側にとってメリットのある行動とは、訪問した専門家の専門性から語られる知識や技能を最大限活かし、子どもや学校の危機を乗り越え、課題を改善すること、また自分自身を守り、さらに成長させる行動です。そのためには、外部の専門家や支援者を拒否したり、反対に必要以上に崇めたりするのではなく、尊敬と感謝の念をもって、対等に議論し学ぶ姿勢が大切です。

　専門家チームの活動が成功する秘訣は、これまでお伝えしてきた「専門家チームのチームワーク」に加え、上記で述べた「受け入れる学校の姿勢」の２つがカギだと考えています。「訪問する側」と「受け入れる側」の両者の姿勢が一致することで、同じ目標に向かって、それぞれの専門性を発揮することができます。その意味で、専門家チームの実践は専門家と学校の共同作業と言えますね。

専門家チームの成功の秘訣

専門家チームのチームワーク＋受け入れる学校の姿勢
※訪問する側と受け入れる側の姿勢が一致すること

【編著者紹介】

木田哲生（きだ・てつお）
堺市教育委員会主任指導主事/日本眠育推進協議会評議員

中学校で生徒指導を担当し、24歳で「日本一若い生徒指導主事」に。市全体で「みんいく」を展開するほか、全国各地で講演会・研修会を開催し、睡眠教育の普及に取り組む。著書に『教育学×医学でわかった親子の「どうしても起きられない」をなくす本』（イースト・プレス）、『最高のリターンをもたらす超・睡眠術』（大和書房）、『ねこすけくん、なんじにねたん?』（リーブル）、『ねこすけくんがねているあいだに…』（リーブル）、『いまさら聞けない生徒指導主事の仕事』（学事出版）、『睡眠教育（みんいく）のすすめ』（学事出版）、『「みんいく」ハンドブック』（学事出版）。

【著者紹介（五十音順）】

笠原麻央（かさはら・まお）大阪弁護士会 弁護士
2008年弁護士登録後、大阪弁護士会子どもの権利委員会（学校部会）、大阪府教育委員会スクールロイヤー、市町村教育委員会の学校問題解決サポート・チーム、いじめ専門委員などに所属。2019年から大阪府堺市教育委員会のSSW/SVに就任。

片山貴美子（かたやま・きみこ）公認心理師/臨床心理士・特別支援教育士
教育、医療、産業領域で臨床活動を展開し、2015年より堺市（現）特別支援教育環境整備事業発達障害児等専門家に就任。2020年に発足された生徒指導課専門家チームメンバーに加わる。

黒田尚美（くろだ・なおみ）社会福祉士/堺市教育委員会SSW統括スーパーバイザー
2008年度より、堺市教育委員会、大阪府教育委員会スクールソーシャルワーカーとして臨床実践に従事。現在は大阪府教育委員会等で、スクールソーシャルワーカーSVを担当している。

「専門家」とつながる生徒指導
堺市「専門家チーム」の取組から

2024年5月5日　初版第1刷発行

編著者	木田哲生
著　者	笠原麻央・片山貴美子・黒田尚美
発行人	鈴木宣昭
発行所	学事出版株式会社
	〒101-0051 東京都千代田区神田神保町1-2-5
	電話　03-3518-9655　https://www.gakuji.co.jp/
編集担当	星 裕人

デザイン	弾デザイン事務所
印刷・製本	研友社印刷株式会社

ISBN978-4-7619-3002-8　C3037　Printed in Japan